FALTPLAN

»Schreiben Sie uns!

Wir hoffen, dass Ihnen dieser Reiseführer gefällt und er Ihnen ein guter Begleiter auf einer außergewöhnlichen und spannenden Reise ist.

Weil ein Reiseführer von Erfahrungen lebt, sind wir an Ihren Erlebnissen interessiert: Haben Sie im Buch ein Restaurant entdeckt, das es nicht mehr gibt, eine Sehenswürdigkeit, die wir noch nicht aufgeführt haben, oder eine falsche Adresse? Dann schreiben Sie uns!

Wir nehmen jeden Hinweis und jede Kritik ernst und arbeiten kontinuierlich daran, die Bücher aktuell zu halten und immer weiter zu verbessern. Auch wenn wir nicht jeden Wunsch erfüllen können, machen wir uns immer Gedanken über Ihre Anmerkungen.

Schreiben Sie an: info@reise-know-how.de oder Reise Know-How Verlag Peter Rump GmbH, Postfach 140666, 33626 Bielefeld

Wenn sich Ihre Infos direkt auf das Buch beziehen, bitten wir um die Angabe der Seitenzahl und der Auflagennummer bzw. des Erscheinungsjahres. Besonders hilfreiche Beiträge belohnen wir mit einem Sprachführer Ihrer Wahl aus unserer „Kauderwelsch"-Reihe.

Herzlichen Dank und gute Reisen

Ihr Reise Know-How Verlag

Diesem Buch wurde hier ein herausnehmbarer Faltp... s.
Sollte er beim Erwerb des Buches nicht mehr vorhanden s... gen Sie bitte bei Ihrem Buchhändler nach.

Liebe Leserin, lieber Leser,

ein unabhängiger Verlag für unabhängig Reisende – das sind wir, der Reise Know-How Verlag aus Bielefeld, eines der letzten Familienunternehmen in der Branche. Obwohl wir zu den größten Reiseführerverlagen Deutschlands gehören, ist der familiäre Umgang miteinander in allen Bereichen des Verlagslebens zu spüren: In der Geschäftsführung in zweiter Generation, in einer wertschätzenden Arbeitsatmosphäre, in der Nähe zu unseren frei arbeitenden Autorinnen und Autoren, im engen Austausch mit unseren Leserinnen und Lesern – und auch in der Zusammenarbeit mit Druckereien in Deutschland, in denen wir ausschließlich und regional unsere Bücher produzieren. Die sollen schließlich erst mit Ihnen auf große Reise gehen.

Alles, was wir in unsere Bücher und Landkarten stecken, soll Ihnen eines ermöglichen: Auf Ihre ganz eigene, individuelle Weise die Welt zu entdecken. Wir wünschen Ihnen viel Freude und unvergessliche Erlebnisse mit diesem Reiseführer.

Es grüßen herzlich
Peter Rump & Wayan Rump

Viel mehr als nur Cosa Nostra

„Ihr fahrt nach Palermo, habt ihr denn gar keine Angst?“ Diese Frage haben wir schon oft gehört. Unsere Antwort darauf lautet: Nein, denn Palermo ist eine der **spannendsten und sichersten Städte Europas** – und außerdem eine der **vielschichtigsten:** Seit der Antike haben sich auf Sizilien die Eroberer die „Klinke in die Hand gegeben“ und ihre architektonischen und kulturellen Hinterlassenschaften erzählen auch heute noch von faszinierenden Zeiten.

Sizilien, dieser Garten Eden, hat so gut wie jeden ungestümen Krieger gezähmt und Palermo unglaublich profitiert – von den alten Griechen und Römern, nordafrikanischen Emiren und normannischen Königen, staufischen Kaisern und republikanischen Rothemden. Sie alle haben zum Wohl und zur Schönheit der sizilianischen Hauptstadt beigetragen. Nur eine im Dunkeln wirkende Macht setzte stattdessen auf Zerstörung: die **Cosa Nostra.** Doch deren Tage – so heißt es – seien gezählt.

Aber Palermo ist nicht von gestern: Die berühmten **Märkte** der Stadt bieten einen Rausch aus Lärm, Gerüchen und Menschen, nachts verwandeln sich Plätze und Gassen in dicht umlagerte **Kneipenmeilen** und **zeitgenössische Kunst** und **Street-Art** machen aus verfallenen Palästen schicke Galerien.

Einen nicht unerheblichen Anteil an den positiven Veränderungen hat der furchtlose Bürgermeister Palermos, Leoluca Orlando, mindestens ebenso wichtig aber ist der Wille der **Palermitaner,** ihre Stadt nach den lähmenden Mafia-Jahren wieder lebens- und liebenswert zu machen. Palermo zu entdecken ist ein Abenteuer!

Die Autoren

Die Ethnologin **Daniela Schetar** und der Soziologe **Friedrich Köthe** erreichten Sizilien und Palermo mit einem „kleinen Umweg“ über Nordafrika. Begeistert von der Architektur Tunesiens und Marokkos wollten sie sehen, was die islamischen Eroberer auf der italienischen Insel hinterlassen haben, und wegen des islamisch-normannischen Erbes, vor allem aber wegen der unglaublichen Dynamik, die sich in Palermo manifestierte, verloren sie ihr Herz an die Stadt.

Als Reisebuchautoren mit den Schwerpunkten Südeuropa und südliches Afrika haben sie viele faszinierende Orte kennengelernt, einen so radikalen und optimistischen Aufbruch wie in Palermo haben sie aber noch nicht erlebt. Hier verschmelzen Historie und Moderne, das Bewahren und das Verändern geradezu harmonisch zu einer der aufregendsten Metropolen Europas.

083pa-fk

Palermo auf einen Blick

0 — 600 m

Inhalt

Cleveres Nummernsystem

Die Sehenswürdigkeiten sind im Text und im Kartenmaterial mit derselben **magentafarbenen ovalen Nummer** ❶ markiert. Alle anderen Lokalitäten wie Geschäfte, Restaurants usw. tragen ein **Symbol und eine fortlaufende rote Nummer** (1). Die Liste aller Orte und die Zeichenerklärung befinden sich im Anhang.

Der Schmetterling ...

... zeigt an, wo man Angebote im Bereich des nachhaltigen Tourismus findet.

Updates zum Buch

www.reise-know-how.de/citytrip/palermo22

Bewertung der Sehenswürdigkeiten

★★★ nicht verpassen
★★ besonders sehenswert
★ wichtig für speziell interessierte Besucher

Planquadrat im Kartenmaterial

[A1] Orte ohne diese Angabe liegen außerhalb unserer Karten. Ihre Lage kann aber wie die aller Ortsmarken mithilfe der begleitenden Web-App angezeigt werden (s. Anhang).

Vorwahlen

- zu **Ortsvorwahlen** siehe Seite 125
- **Italien:** 0039

Die mit byzantinischen Goldgrundmosaiken ausgestaltete Kirche Santa Maria dell'Ammiraglio 4 (081pa-fk)

NICHT VERPASSEN!

1 Quattro Canti [D6]
Vier Ecken mit barocken Häuserfassaden bilden den Mittelpunkt urbanen Lebens und sind Ausgangs- und Endpunkt abendlichen Flanierens (s. S. 16).

10 Cattedrale Maria Santissima Assunta [C6]
Kaiser haben hier die letzte Ruhestätte gefunden und vom Dach schweift der Blick über die Stadt (s. S. 25).

12 Palazzo Reale [B7]
Die Normannen ließen ihre Familienkapelle mit erlesenen Mosaiken vergolden, die die Schöpfungsgeschichte erzählen. Der Palazzo zählt zum UNESCO-Weltkulturerbe (s. S. 29).

14 Chiesa di San Giovanni degli Eremiti [B8]
UNESCO-Weltkulturerbe und fast 1000 Jahre alt: arabische Moschee, normannisches Kloster und ein Garten zum Träumen (s. S. 32).

16 Mercato di Ballarò [D7]
Schreien, Hupen, Musik und Lachen – Einkaufen auf dem Mercato di Ballarò ist ein Erlebnis (s. S. 34).

36 Museo Archeologico Salinas [D4]
Ein Museum als Wegweiser durch die Geschichte Siziliens: uralte Steine modern präsentiert (s. S. 54).

43 Palazzina Cinese [ae]
Wenn ein König auf der Flucht vor Napoleon einen Palast bauen lässt, muss er chinesisch werden – zumindest nach damaligem Zeitgeschmack (s. S. 61).

46 Castello della Zisa und Museo d'Arte Islamica [ah]
Nirgends sieht man besser, wie wichtig den Normannen arabische Baukunst war und wie sie diese mit eigenen Ideen verwirklichten, was auch das Museum in der Burg belegt (s. S. 64).

49 Cattedrale di Santa Maria Nuova
Hoch über Palermo haben die Normannen richtig auf den Putz gehauen. Um die Bildwelten der Mosaike zu entschlüsseln, braucht man Tage (s. S. 68).

002pa-fk

Willkommen in Palermo

Die einen haben bei der Hauptstadt Siziliens das Bild einer Mafiahochburg im Kopf, anderen ist sie ein Sehnsuchtsort voll Kunst und Kultur, angefüllt mit buntem Leben vor der Kulisse zerfallenden Barocks und perfekt restaurierter Paläste. Tatsächlich hat Palermo sich auf ungeheure Art und Weise entwickelt. Weg von der Mafiastadt und hin zu einer feinen Kulturmetropole, in der hochgehandelte Künstler und Besucher sich in Galerien treffen und in deren Gassen spannende Street-Art zu finden ist.

Der Aufbau Palermos ist eigentlich einfach – eigentlich, weil die Stadt auf fast allen Karten ohne korrekte Nordung dargestellt ist (auf dem diesem Buch beiliegenden Faltplan allerdings schon). Das „Oben" ist auf diesen Karten im Westen und die Drehung eine andauernde Herausforderung. Ansonsten besteht das zu Fuß ausgezeichnet zu entdeckende **historische Zentrum** aus exakt vier Vierteln, in deren Mitte sich an der Kreuzung **Quattro Canti** 1 die Via Maqueda und der Corso Vittorio Emanuele schneiden (beide als verkehrsberuhigte Zonen) und die Stadt gleichmäßig „portionieren": in die südöstliche **Kalsa**, die südwestliche **Albergheria**, den nordwestlichen **Capo** und die nordöstliche **Loggia.** Hügel gibt es nicht, sodass man sich auf mehr oder weniger flachem Terrain bewegt. Das historische Zentrum begrenzen der **Hafen** im Osten und der **Palazzo Reale** 12 im Westen, die **Stazione Centrale** im Süden und das **Teatro Massimo** 38 im Norden.

Vorseite: Ausflug auf die Dächer der Kathedrale 10

In diesem 3 km² großen Areal **finden** sich fast alle Sehenswürdigkeiten. Nur wer ins 6 km entfernte Monreale (s. S. 68) oder in das 70 km entfernte **Cefalù** (s. S. 71) will, muss Bus bzw. Bahn nehmen.

Die **Märkte** (s. S. 102) sind eines der Highlights Palermos. Der lebhafteste und größte unter ihnen ist der **Mercato di Ballarò** 16 in der Albergheria. Wesentlich kleiner und ruhiger geht es da auf dem **Mercato del Capo** 39 im gleichnamigen Viertel zu. Die **Vucciria** 37 im Loggia-Viertel und gleich bei den Quattro Canti – einst der Zentralmarkt der Stadt – ist dagegen erst später am Abend interessant, wenn sich dort die Nachtschwärmer einstellen. In der Kalsa gibt es nur am Wochenende Markt. Da stellen dann Antiquitätenhändler ihre Tapetentische an der **Piazza Marina** 28 auf und verkaufen Kunst und Krempel. Die anderen Märkte dienen hauptsächlich dem Einkauf von Lebensmitteln. Wer Mode und Schmuck der bekannten **internationalen Marken** sucht, geht von den Quattro Canti 1 einfach die Via Maqueda nach Norden, die sich zur Via Ruggero Settimo und schließlich Via della Libertà verlängert. Bis zum **Giardino Inglese** 40 reihen sich auf 2 km Länge die Boutiquen und Flagship-Stores aneinander. Fast besinnlich ist dagegen der Bummel durch das **Kalsa-Viertel** (s. S. 39) mit seinen vielen kleinen Läden voller Kunsthandwerk, Nützlichem oder einfach nur Schönem.

Das zweite Highlight sind die historischen **Paläste** und **Kirchen** – und die sind wirklich überall: keine Piazza ohne Kirchenportal, keine Straße ohne Bethaus und keine Gasse, in der sich nicht beim Blick nach oben der Schmuck einer aufwendigen Fassade darböte. Vieles ist (noch) verfal-

017pa-fk

len, vieles wird aber auch mit der Patina der Jahrhunderte bewahrt. Wichtig ist, was sich dahinter verbirgt. Der Putz kann außen bröckeln, doch bei Eintritt eröffnet sich ein Symphoniekonzert perfekter Innenarchitektur. Hinter der schlichten Fassade eines Bethauses haben die Großen des barocken Stuckhandwerks einen ungeahnten Figurenreigen hinterlassen, in einem heruntergekommenen Durchgang öffnet sich eine Treppenanlage und entführt in die Beletage eines Adelspalasts des 18. Jh. voller Kunstwerke und Geschichten, die ein Conte oder Cavaliere mit Hingabe und voller Witz erzählt.

Das dritte Highlight Palermos bildet das **Straßenleben.** Die Straßen der Stadt dienen nicht in erster Linie der Fortbewegung, sie sind Lebensraum (der sich nicht auf das Heraushängen der Wäsche beschränkt). In den Gassen sitzen die Bewohner vor ihren Häusern und diskutieren oder warten einfach, bis die Tageshitze abflaut. Männer stehen um eine Kneipe, die aus nicht viel mehr als einigen Bierträgern und Weinflaschen besteht. Ein fliegender Händler knattert mit seinem Dreirad übers Pflaster, hält an und ruft sein Angebot aus. An einer Piazza umlagern die Menschen einen Stand mit Streetfood. Palermo oszilliert zwischen Geruhsamkeit und schnellem Leben, zwischen Mittelalter und Neuzeit, zwischen Verfall und Gentrifizierung, zwischen Anarchie und Gehorsam, zwischen Arm und Reich. Und genau das macht die Stadt so spannend.

Die Aktskulpturen der Fontana Pretoria 2 *waren über Jahrhunderte ein Stein des Anstoßes*

Kurztrip nach Palermo

Es gibt viel zu sehen in der Stadt und in drei Tagen wird man nicht alles „abhaken" können – schließlich soll es ja auch Urlaub sein und dazu gehört, wenigstens ein bisschen des „dolce vita" einzufangen – des süßen Nichtstuns.

Erster Tag

Am ersten Tag kommt man meist mittags an, bezieht sein Zimmer und hat dann Zeit, bei dem auf Seite 13 beschriebenen **Stadtspaziergang** schon ein wenig die Stadt zu beschnuppern und ein Gefühl für sie zu bekommen. Nach dem Abendessen könnte man

MEIN TIPP

Palermo und Umgebung von oben

Palermos Bucht rahmen der **Monte Catalfano** im Osten und der 609 m hohe **Monte Pellegrino** im Norden, der bei der Auffahrt zu seinem **Santuario di Santa Rosalia** 44 eine wundervolle Aussicht auf die Stadt bietet. Auch von den Terrassen **Monreales** (s. S. 68) vor dem **Duomo di Monreale** 49 bietet sich ein weiter Blick über das flach über die Ebene gebreitete Palermo und das Blau des Mare Mediterraneo.

Wer in der Stadt Überblick gewinnen will, muss sich in Kirchen und Klöster begeben und zu den Dächern und auf die Türme steigen. Mit am spektakulärsten sind die Dächer der **Cattedrale Maria Santissima Assunta** 10 und des **Monastero di Santa Caterina d'Alessandria** 3 mit Blick auf den Brunnen **Fontana Pretoria** 2 und die Piazza Bellini. Von der Kuppel der **Chiesa SS. Salvatore** (s. S. 78) nahe der Piazza Bologni sieht man direkt auf die Dächer der Kathedrale. Einen Blick auf das Marktgeschehen unter den über die Gassen und Plätze des **Mercato di Ballarò** 16 verteilten Schirmen erlaubt der schlanke **Torre di San Nicolò all'Albergheria** (s. S. 35). Von ihm aus hat man auch besten Blick auf die Kuppel der **Chiesa del Carmine Maggiore** 19.

015pa-fk

sich noch auf ein Gläschen Wein runter zum Meer begeben.

Zweiter Tag

Wenn man das Frühstück nicht bereits im Hotel eingenommen hat bzw. voll ins sizilianische Leben einsteigen will, geht es zunächst auf einen Espresso mit Hörnchen in eine Bar – der sizilianische Standard. Für heute stehen danach Kirchen, Paläste und Märkte in den Vierteln Albergheria und Capo auf dem Programm.

Vormittag

Erste Station sind die **Quattro Canti** 1, der Mittelpunkt der Stadt. Die **Piazza Pretoria** 2 mit ihrem „anstößigen" Brunnen und die Piazza Bellini mit zwei der wichtigsten Kirchen – **Santa Maria dell'Ammiraglio** 4 und **San Cataldo** 5 – entführen in Barock und normannische Zeit. Vormittags ist es auf dem **Mercato di Ballarò** 16 am lautesten, buntesten und schönsten, also Augen und Nase auf und einmal quer durch. Mittagessen im Marktgeschehen ist ein Ereignis für sich und man sollte es keinesfalls verpassen, z. B. im Briò Market (s. S. 92). Danach könnte eine Führung durch den **Palazzo Conte Federico** 15 auf dem Programm stehen.

Nachmittag

Zum Kontrast geht es nun mit dem **Palazzo Reale** 12 weiter und um bei den Normannen zu bleiben, stehen danach die Kirche **San Giovanni degli Eremiti** 14 und die **Cattedrale** 10 mit ihren Kaisergräbern auf der Liste. Ein Abstecher endet am **Mercato del Capo** 39, auf dem man sich mit einer Tüte voller Streetfood stärken kann. Den Aperitif könnte man vielleicht an der Piazza Bologni einnehmen und dann noch auf einen Sprung im **No Mafia Memorial** 6 vorbeischauen. Eine Alternative wäre der Besuch der

006pa-fk

⌃ Einer der Paläste der Quattro Canti 1, des absoluten Zentrums der Stadt

< Blick vom Dach der Kathedrale 10 auf ihren Vorplatz

Mein Tipp

Kreuzfahrer

Palermo ist einer der **Haupthäfen für Kreuzfahrtschiffe** auf Mittelmeertour. Fast alle großen Reedereien haben die Stadt im Programm und organisieren auch Ausflüge zu den weiter entfernt liegenden Zielen wie Monreale (s. S. 68) und Cefalù (s. S. 71). Da der Hafen direkt an das Zentrum grenzt, ist es kein Problem, vom Schiff aus zu Fuß loszuziehen. Am Terminal sind auf alle Fälle aber auch durchgängig Taxis verfügbar. Für Kreuzfahrttouristen, die die Stadt an nur einem Tag erobern wollen, bietet sich der auf Seite 13 beschriebene **Stadtspaziergang** an.

007pa-fk

Beletage einer der Paläste am Corso: **Palazzo Alliata di Villafranca** 8 oder **Palazzo Drago Airoldi di Santa Colomba** 9 versprühen aristokratische Herrlichkeit.

Abend

Am besten sucht man sich ein Restaurant rund um die **Quattro Canti** 1 oder in der Nähe der Piazza Bologni. Infrage kämen zum Beispiel die **Osteria Santa Marina** (s. S. 88), das **Ristorante Moltivolti** (s. S. 89) oder die **Trattoria Il Bersagliere** (s. S. 90). Den Abend sollte man in der **Vucciria** 37 ausklingen lassen – unter gleichgesinnten Feierwütigen oder man geht den Corso hinunter zum Meer und trinkt in aller Ruhe einen Absacker, vielleicht an der **Piazza Marina** 28 oder direkt am Wasser in der **Nauto-Bar** (s. S. 51).

Dritter Tag

Am dritten Tag stehen in den Vierteln Kalsa und Loggia Gärten, Museen, Paläste und Shopping auf dem Programm.

Vormittag

Schnurstracks geht es von den **Quattro Canti** 1 quer durch die Kalsa zur Regionalgalerie im **Palazzo Abatellis** 26, wo die bedeutendste Kunstsammlung der Insel auf einen Besuch wartet. Der **Palazzo Chiaramonte-Steri** 27 mit seinem ganz eigenen Baustil war einst Sitz der Inquisition. Friedlich ist dann wieder die Sammlung moderner Kunst im **Palazzo Butera** 29. Das angeschlossene Restaurant serviert zum Lunch Sizilianisches.

Nachmittag

Ein Bummel durch den **Orto Botanico** 25 ist nun eine willkommene Abwechslung. Durch den **Giardino Garibaldi** 28 und vorbei an seinen gigantischen Feigenbäumen geht es danach zurück zu den **Quattro Canti** 1 und durch die Kalsa (und an deren zahlreichen Kunsthandwerker-Läden vorbei) zur Via Roma. Das **Museo Archeologico Salinas** 36 gehört für Geschichtsinteressierte zum Besten, was Sizilien zu bieten hat. Auf der Via Maqueda und vorbei am **Teatro Massimo** 38 geht es zu den Läden in der Via Ruggero Settimo [C3/4] und deren Verlängerung Via della Libertà. Am **Giardino Inglese** 40 kehrt man um und könnte auf der Dachterrasse des Kaufhauses **Rinascente** (s. S. 101) den Aperitif zu sich nehmen. Aber auch die **Bar St'orto** (s. S. 96) mixt vorzügliche Drinks und man bekommt dort schon mal eine Idee, was abends alles abgeht. Wer den Feierabend aber noch nicht beizeiten einläuten will, schaut vorher noch im **Teatro delle Marionette** 30 vorbei, schließlich gehört die Puppenoper zum Kulturerbe Siziliens.

Die bedeutendste Galerie Siziliens befindet sich im Palazzo Abatellis 26

Abend

Die Kalsa (s. S. 39) hat sich zum angesagten Viertel mit Restaurants, Kneipen und Bars gemausert. Die Auswahl fürs Abendessen ist groß, die Entscheidung fällt schwer. Pizza vielleicht? Die **Pizzeria Arte e Tradizione** (s. S. 91) hat eine Terrasse zu bieten und das **Funnaco PizzaLab** (s. S. 90) im Loggia-Viertel ist, wie der Name vermuten lässt, ein „Geschmackslaboratorium". Ausklingen lässt man den Abend dann in einer der Bars an der Piazza Magione 23.

Vierter Tag

Heute verabschiedet man sich aus der Stadt, abends geht der Flug und Erholung will auch noch sein. Der Vormittag geht für die Kirchenbesichtigung in **Monreale** (s. S. 68) drauf, den Nachmittag verbringt man am Strand von **Mondello** 48. Alternative ist der Besuch der **Kathedrale von Cefalù** 50 und ein Bad an dessen Stadtstrand.

Stadtspaziergang

Länge: 7 km
Dauer: 3–4 Stunden (ohne Besichtigungen)
Start-/Endpunkt: Quattro Canti 1

Die **Quattro Canti** 1 sind der Dreh- und Angelpunkt in der Stadt und die direkt benachbarte **Piazza Pretoria** 2 (nach 30 m auf der Via Maqueda nach Süden öffnet sich die Häuserfront) ist eine weitere Hauptattraktion. Im ehemals prüden Sizilien war die marmorne Nacktheit der Gottheiten am **Brunnen** ein ständiges Ärgernis.

An der Piazza Bellini gleich dahinter (ebenfalls über die Via Maqueda erreichbar) stehen zwei der ältesten Kirchen der Stadt: **Santa Maria dell'Ammiraglio** 4 und **San Cataldo** 5 aus der Normannenzeit. Ihnen gegenüber sind **Chiesa e Monastero di Santa Caterina d'Alessandria** 3 ebenfalls einen Besuch wert.

Das gibt es nur in Palermo

Urmutter sizilianischen Streetfoods: pani câ mèusa ist vielleicht nicht jedermanns Sache, aber das mit deftig gewürzter und gebratener Milz (und anderen Innereien) belegte Brötchen muss man unbedingt probiert haben. Es geht auf das 15. Jh. zurück, hat den Weg auf den Stiefel (geschweige denn in den Rest Europas) nicht gefunden und wird an immer umlagerten Ständen auf den Märkten verkauft.

China in Palermo: Ein Schmuckstück der Innenausstattung ist die **Palazzina Cinese** 43 am nördlichen Stadtrand; im ausgehenden 18. Jh. ließ ihn sich der exilierte König von Neapel Ferdinand III. als Residenz errichten.

Zwei Kaiser: Die Sarkophage zweier Kaiser stehen (neben anderen) in der **Cattedrale** 10: des Staufers Friedrich II. und seines Vaters Heinrich VI.

Grausige Gruft: Selten sind mumifizierte Leichen in so großer Zahl und so überaus „lebendig" arrangiert und präsentiert wie in den **Katakomben des Convento dei Cappuccini** 45; je nach Sichtweise ein Ort des Gruselns oder der Kontemplation, auf jeden Fall ein memento mori – „Gedenke des Todes".

Verwandte treffen: Nur in Palermo leben Nachkommen von Friedrich II., des Kaisers des Heiligen Römischen Reiches Deutscher Nation, in dessen Tradition: er hat die Insel geliebt; im **Palazzo Conte Federico** 15 führt der Sohn des Grafen auf Deutsch durch die Hallen.

Routenverlauf im Stadtplan
Der hier beschriebene Spaziergang ist mit einer farbigen Linie im Stadtplan eingezeichnet.

Der von den Quattro Canti nach Westen führende **Corso Vittorio Emanuele** (auch **Via Vittorio Emanuele** genannt) ist die traditionelle Prachtstraße Palermos. Bars, Restaurants und Läden flankieren den Corso, Palazzi haben ihre Tore der Öffentlichkeit geöffnet und erlauben den Blick auf die glorreiche Vergangenheit. Natürlich ist auch die Mafia präsent – mit dem **No Mafia Memorial** 6. Gleich dahinter weitet sich der Corso an der Piazza Bologni. Hier steht auch der **Palazzo Riso** mit dem **Museo regionale d'Arte Moderna e Contemporanea** 7. An der Piazza wartet der **Palazzo Alliata di Villafranca** 8 auf einen Besuch und den Corso wenige Meter weiter nach Westen erreicht man den **Palazzo Drago Airoldi di Santa Colomba** 9. Schließlich verschafft der großzügige Domplatz der **Kathedrale** 10 das rechte Entree. Seitlich des Gotteshauses zeigt das **Museo Diocesano** 11 religiöse Kunst und Kostbarkeiten.

008pa-fk

Die Altstadt und der Corso enden schließlich prächtig am **Palazzo Reale** 12 – Normannenpalast, Regierungssitz und mit der Cappella Palatina eine der Hauptattraktionen Palermos. Dahinter beginnt mit der **Piazza Indipendenza** [B7/8] die Neustadt, in der Busse röhren und Dieselgase wabern. In sie gelangt man durch die **Porta Nuova** 13. Die sich noch in der Altstadt befindliche Normannenkirche **San Giovanni degli Eremiti** 14 besticht dagegen mit wunderschönem Garten und Kreuzgang. Zu ihr kommt man über die Via dei Benedetti, die südlich des Königspalasts beginnt.

Man hält sich nun nordöstlich und gelangt über Vicolo dei Benedetti und Vicolo dello Zucchero zur Via Mercurio. An ihr rechts und gleich wieder links erreicht man die Via Porta di Castro, die nach Osten ins Herz des Ballarò-Viertels führt. Ein kurzer Abstecher in den Vicolo Conte Federico bringt einen aber zunächst zum **Palazzo Conte Federico** 15.

Zurück an der Via Porta di Castro steht man nach wenigen Schritten nach Osten unweigerlich im hektischen Trubel des **Mercato di Ballarò** 16. Hier endet auch die Via Porta di Castro und die Marktstände entlang der Via Casa Professa und der Via Ballarò bilden eine (fast) undurchdringliche Barriere. Auf dem Markt geht es lautstark drunter, drüber und quer. Vespas und Passanten kämpfen um die Vorherrschaft, Hausfrauen und Händler um Preise.

Ruhiger wird es jenseits von Via Maqueda und Via Roma im Kalsa-Viertel (s. S. 39). Über die Via Casa Professa und vorbei an der **Chiesa**

Die Piazza della Vittoria [B/C7], im Hintergrund der Palazzo Reale 12

009pa-fk

Die Porta Felice **32**: *Durchgang zum Meer*

del Gesù di Casa Professa **18** verlässt man die Albergheria, kreuzt die Via Maqueda und folgt Via Calderai und Via Livorno. Hinter der Kreuzung mit der Via Roma nimmt man die Via Cagliari, hält sich gleich links zur Piazza Sant'Anna und geht die Via Sant'Anna vorbei an der **Galeria d'Arte Moderna** **20** nach Osten. Sie wird zur Via Alloro, die erst am Meer endet. Die Kalsa ist tagsüber auch ein guter Ort, um zu shoppen. Sie hat viele kleine Läden abseits der Mainstream-Mode und der konfektionierten Accessoires zu bieten. Abends entwickelt sich das Viertel dann zur Partyzone. Wo man es sich gar nicht vorstellen kann, klappern die Rollläden hoch und geben Kneipen frei, die die Gassen okkupieren.

In den engen Straßen der Kalsa stehen reichlich Paläste, deren schmale Durchfahrten sich zu herrschaftlichen Innenhöfen öffnen. Es handelt sich dabei nicht nur um Herrenhäuser, sondern meist auch um Museen. Um einige von ihnen zu besuchen, nimmt man 200 m hinter der Galerie für moderne Kunst die Via dei Credenzieri nach links und gleich die Via Lungarini nach rechts. An der nächsten Ecke steht das Palastmuseum **Palazzo Mirto** **31**. Zum ehemaligen Sitz der Inquisition, dem **Palazzo Chiaramonte-Steri** **27**, gelangt man ganz einfach über die Via Lungarini geradeaus nach Nordosten (150 m). Über die Via IV Aprile kehrt man zur Via Alloro zurück und biegt nach links in sie ein. Der folgende Häuserblock ist der **Palazzo Abatellis** **26** mit der Regionalgalerie.

Die nächste größere Straße nach links ist die Via Butera. An ihr entlang erstreckt sich der imposante **Palazzo Butera** **29**, in dem einst Goethe wohnte (heute befindet sich hier eine Galerie für moderne Kunst). Wenige Schritte sind es dann von der Via Butera zur Piazza Pasqualino mit dem **Marionettentheater** **30**: Die Opera dei Pupi war früher das Freizeitvergnügen der einfachen Leute.

An der **Porta Felice** **32** gleich östlich nimmt man den Corso Vittorio Emanuele vorbei an der **Catena-Kirche** **33** zum Viertel **Vucciria** **37**. Am schnellsten gelangt man dorthin, indem man vom Corso nach rechts in die Via Roma einbiegt und dann die kurze Treppe Discesa Caracciolo zur gleichnamigen Piazza hinabsteigt. Für die Einen ist die Vucciria gleichbedeutend mit „Absturz", für die Anderen die liebste Gegend für nächtliche Vergnügungen. Tagsüber wirkt sie ein wenig schmuddelig, doch wenn die Dunkelheit sich senkt, geht die Post ab – bis in die Morgenstunden, wenn in der Kalsa schon alle schlafen gegangen sind.

Entlang der Via Maccherronai [E5] gelangt man nun zur Piazza S. Domenico mit dem **Kaufhaus Rinascente** (und dessen angenehmer Dachterrasse, s. S. 101). Direkt gegenüber folgt man der Via Monteleone schräg hinein in das **Loggia-Viertel** (s. S. 51) mit seinen Wohnhäusern und passiert das **Museo Archeologico Salinas** 36. An ihm wendet man sich nach Westen in die Via Bara All'Olivella und erreicht schnell das wirklich massige **Teatro Massimo** 38 an der Piazza Verdi. Hier beginnt die **Via Ruggero Settimo** [C3/4], die Haupteinkaufsstraße mit allen erdenklichen Läden internationaler Marken.

Ins **Capo-Viertel** (s. S. 57) kommt man vom Theater aus, indem man an der Rückseite die Via Mura di S. Vito nach Westen nimmt. An der Kreuzung mit der Via Porta Carini steht man dann mitten im **Mercato del Capo** 39. Er ist überschaubar, nicht so hektisch wie der Mercato di Ballarò, nicht so überlaufen und mit einigen netten Lokalen.

Die Verlängerung der Via Porta Carini nach Süden ist die Via Beati Paoli (am gleichnamigen Platz gibt es frische Fruchtsäfte), die schließlich zur Via Sant'Agata alla Guilla wird und an der Rückseite der **Cattedrale** 10 (die sich hier in schönstem normannischen Baustil zeigt) auf den Corso Vittorio Emanuele trifft. Auf ihm kehrt man zum Ausgangspunkt, den **Quattro Canti** 1, zurück.

010pa-fk

Rund um die Quattro Canti

Auf den **Quattro Canti** 1 schneiden sich die zwei Hauptachsen Palermos: die nord-südlich ausgerichtete Via Maqueda, die zur Piazza Verdi und dem Teatro Massimo 38 führt, und der ostwestlich verlaufende, vom Meer kommende Corso Vittorio Emanuele, auf dem man vorbei an der Cattedrale zum Palazzo Reale 12 kommt. Nur ein Katzensprung ist es zur **Piazza Pretoria** 2 und zur direkt benachbarten Piazza Bellini. Dort stehen die **Chiesa di Santa Maria dell'Ammiraglio** 4, die **Chiesa di San Cataldo** 5 und das **Monastero di Santa Caterina d'Alessandria** 3. Ebenfalls um die Ecke liegt die Vucciria 37. Die Straßen zwischen Quattro Canti und Teatro Massimo und Quattro Canti und Palazzo Reale sind Fußgängerzonen und ein Lieblingsplatz für den „Corso", das abendliche Flanieren.

1 Quattro Canti ★★★ [D6]

Offiziell heißt der Kreuzungspunkt von Via Maqueda und Corso Vittorio Emanuele eigentlich Piazza Vigliena, genannt wird er jedoch „Quattro Canti" („Vier Ecken"). Der Name bezieht sich auf die Bebauung im Stil der Spätrenaissance, die ihn zu einem perfekten Achteck und dem vielleicht fotogensten Platz der Stadt macht. Hier halten Brautpaare ihre Fotoshootings ab und hier passieren mit klappernden Hufen die Kutschen der mit Kameras bewaffneten Touristen beim Sightseeing.

Das Teatro Massimo befindet sich an der Piazza Verdi 38

Der spanische **Vizekönig Vigliena** (italianisierter Name von Juan de Villena) befahl Anfang des 17. Jh. die Erweiterung der Stadt und ließ den **Corso Vittorio Emanuele**, damals Cassaro genannt, zum Meer hin verlängern. Die Via Nuova, die spätere **Via Maqueda**, wurde im rechten Winkel zu ihm angelegt. Damit teilte das Straßenkreuz das Zentrum Palermos in seine heutigen Viertel: Albergheria im Südwesten der Piazza, Seralcadio (oder Capo) im Nordwesten, Loggia im Nordosten und Kalsa im Südosten.

An jeder Ecke der Kreuzung entstand zwischen 1612 und 1620 jeweils ein Palast mit reich geschmückten, leicht konkaven Platzfassaden. Ihre Baumeister, Giulio Lasso und Mariano Smiriglio, schufen damit eines der beeindruckendsten Architektur-Ensembles Siziliens, dessen Seiten – im Tageslauf wechselnd – honigfarben in der Sonne leuchten, weshalb die Einheimischen den Platz auch „**Teatro del Sole**" („Theater der Sonne") nennen.

Das **Fassadenprogramm** jedes Palastes umfasst jeweils einen Brunnen (Symbol für einen der Flüsse, die einst Palermo querten), darüber eine Jahreszeiten-Allegorie, über ihr ein spanischer Herrscher und hoch oben die Schutzpatronin des jeweiligen Viertels. Die heutigen Hauptfiguren hat Carlo D'Aprile 1661 bis 1663 aus Marmor gehauen.

Am Palast des Viertels **Albergheria** (Süd-Südwest) ist der Brunnen des Oreto zu sehen, der durch das Viertel floss, Venus als Allegorie für den Frühling und Santa Cristina, die mit dem spanischen König Karl V. über die Menschen wacht. An der Fassade des **Capo-Palasts** (West-Nordwest) fließt das Wasser des Kemonia, Ceres stellt den Sommer dar und Santa Ninfa steht in der Nische über Philipp II. Durch **Loggia** (Nord-Nordost) floss die Pannaria, Weingott Bacchus steht für den Herbst, Sant'Olivia und Philipp IV. schauen über den Platz. Der Brunnen des Papireto und Eolo als Winter schmücken mit Sant'Agata und Philipp III. die **Kalsa-Seite** (Ost-Südost). Santa Rosalia fehlt, sie hatte ihre Position als Schutzheilige Palermos erst 1623 eingenommen.

Bis ins 18. Jh. fanden auf dem Platz **Hinrichtungen** statt und der Volksmund sprach anlässlich solcher Großereignisse von „feste e forche a Piazza" – „Gala und Galgen am Platz". Einer der letzten Termine war der 30. Juni 1789, dabei wollte Giovanna Bonanno eigentlich nur Gutes. Sie bot unglücklichen Frauen Beistand,

005pa-fk

Auch in Palermo gibt es autofreie Zonen

MEIN TIPP

Circuito del Sacro

Mehrere Kirchen und Sehenswürdigkeiten sind zum **Circuito del Sacro** zusammengeschlossen. Wer eine Karte erwirbt, erhält bei allen weiteren Eintritten einen Nachlass (meist 50 %): Oratorio di Santa Cita 35, Oratorio del SS. Rosario in San Domenico 34, Oratorio di San Lorenzo 21, Chiesa di Santa Maria della Catena 33, Chiesa Santissima Trinità della Magione (s. S. 42), Chiesa di Santa Maria dell'Ammiraglio (La Martorana) 4, Chiesa di San Cataldo 5, Palazzo Alliata di Villafranca 8, Cattedrale Maria Santissima Assunta 10, Museo Diocesano di Palermo 11, Oratorio di San Mercurio (s. S. 81), Museo Diocesano di Monreale (s. S. 69), Cappella Roano di Monreale (s. S. 69), Chiesa di Santa Chiara 17 und Torre di San Nicolò all'Albergheria (s. S. 35).

› www.ilgeniodipalermo.com

verkaufte ihnen „Essiglikör" für ihre Männer und das beigemengte Arsen sorgte für finalen Familienfrieden. Giovanna kam mit ihrem Kleingewerbe zu etwas Wohlstand und war bis zum Ende überzeugt, der Gesellschaft einen nützlichen Dienst erwiesen zu haben. Die Richter sahen es anders. Noch heute soll sie zu späterer Stunde über den Platz wandeln – die Ungerechtigkeit ihres Galgentodes ließe ihr keine Ruhe.

2 Piazza und Fontana Pretoria ★★ [D6]

Der Brunnen wie aus dem Bilderbuch, mit mehreren Ebenen, zahlreichen Figuren aus weiß glänzendem Marmor und mit Wasser, das Fratzen in Kanäle und Bassins speien, war nicht immer unumstritten.

Die **Fontana Pretoria** ist mit 133 m Umfang so riesig, dass sie auf der Piazza vor dem Rathaus keinen Raum für Anderes lässt. Der spanische Vizekönig Neapels, **Luigi Álvarez de Toledo y Osorio**, hatte den Brunnen in manieristischem Stil für seine Villa in Florenz beim Bildhauer Francesco Camilliani bestellt, starb aber vor der Fertigstellung 1555. Sein Sohn ließ den Brunnen wegen finanzieller Probleme nie aufstellen und bot ihn schließlich zum Verkauf. 1573 griff Palermo zu und 1574 kamen 644 Einzelteile auf der Insel an.

Einige Häuser mussten weichen, Transportschäden am Brunnen repariert und verlorene Teile ersetzt werden. 1581 war man fertig. 37 weibliche und männliche Figuren, viele von ihnen nicht mehr oder weniger entblößt, sondern bis ins kleinste anatomische Detail nackt, bildeten einen ständigen Stein des Anstoßes.

Auch als **Johann Wolfgang von Goethe** das 12 m hohe Ensemble aus Göttern, Tieren, Harpyien, Sirenen und Tritonen erblickte, war er nicht amüsiert. In Anspielung auf die von Monstergestalten geschmückte Villa Palagonia im nahen Bagheria notierte er am 9. April 1787, der Brunnen gehöre „unter die Vorfahren der Palagonischen Raserei". Und die *Palermitani* sprachen bald nur noch von der „Piazza della Vergogna", dem „Platz der Schande". Immer wieder huschten auch die Dominikanerinnen des **Monastero di Santa Caterina d'Alessandria** 3 nachts mit Hämmerchen aus ihrem Kloster und stellten bildhauerisch tätig die öffentliche Ordnung wieder her, da sie von den Klosterterrassen besten Blick auf die makellosen Körper der Götter hatten. Heute ist die Brunnenanlage durch ein Gitter geschützt. Das Beklettern der Balustraden und auch das Sitzen auf den Stufen sind verboten und können geahndet werden.

Abschließend achte man auf die **Säule** in der Mitte des Brunnens. Sie trägt eine Statue des Genius, des Schutzpatrons der Stadt aus frühchristlicher Zeit, dessen Patronat über die Stadt Anfang des 17. Jh. Santa Rosalia übernahm.

An der Südseite des Platzes steht seit 1463 der **Palazzo Pretorio**, das Rathaus. Sein heutiges Aussehen erhielt er erst 1875. Nur Santa Rosalia wacht seit 1661 in einer dem Komplex aufgesetzten Halbschale – Überrest des einst reichen Fassadenschmucks.

3 Chiesa e Monastero di Santa Caterina d'Alessandria ★★ [E6]

Auf einem verwirrend verwinkelten Rundgang im Komplex, vorbei an Wohnzellen und Nonnenchor und durch die Eingeweide der Dachkonstruktion zu den Terrassen, taucht man ins Klosterleben ein. Am Ende gibt es klösterliche Süßigkeiten oder eine Granita *(s. S. 83).*

Auch wenn Kloster und Kirche kunsthistorisch nicht so bedeutend sind wie die beiden Kirchen gegenüber, der Besuch ist ein Muss. 1310 gegründet, stammen die heutigen Gebäude aus dem auslaufenden 16. Jh. So streng und abweisend deren Außenwirkung ist, **innen gibt sich das Kloster heiter.** Die großzügigen Wohnzellen mit Terrassen und Veranden und ein bepflanzter Kreuzgang gestalteten das Leben der Schwestern überaus erträglich. Vielleicht auch aus diesem Grund kamen (und kommen) aus der Klosterküche **feinste Naschereien**, die die Nonnen früher durch die Pforte reichten (heute kann man sie in der frei zugänglichen ersten Etage kaufen).

In den Anfangsjahren lebten im ärmlichen Kloster meist ehemalige Prostituierte. Erst als Stiftungen den Neubau ermöglichten, mauserte es sich zu einem der bedeutendsten und prächtigsten Konvente von Palermo

Blick vom Monastero di Santa Caterina d'Alessandria auf die Piazza Pretoria

011pa-fk

mit Novizinnen aus den vermögendsten Familien der Stadt. Bis ins 18. Jh. arbeiteten immer wieder die besten Künstler der Insel an der Innenausstattung mit polychromem Marmor und Stuck.

Wer nicht in die Kirche, sondern gleich ins **Kloster** will, nimmt die Pforte rechts der Spätrenaissance-Fassade. Für einen Blick in die Kirche geht man die doppelseitige Freitreppe hoch und betritt sie durch das Portal, über dem die Figur der Santa Caterina in einer Nische wacht. Erbaut wurde das **Gotteshaus** 1566 bis 1596 (wie bei Dominikanerinnen üblich) als einschiffiges Gebäude. Seine Längsseiten flankieren je drei Kapellen. Die **Kuppel** über dem Querschiff kam im 18. Jh. hinzu. Ihre Ausmalung zeigt den „Triumph der Kirche dank der Dominikanermönche" (die über Jahrhunderte eine treibende Kraft der Inquisition und deren Verwalter waren). Das **farbenfrohe Fresko des Hauptgewölbes** hat sich die „Verherrlichung der hl. Katharina" zum Thema genommen. Der **barocke Altar** zu Ehren von Santa Caterina steht im rechten Flügel des Querschiffs: eine Marmorarbeit von Andrea Palma, die die zarte Figur der Märtyrerin des 4. Jh. rahmt. Letztere wurde 1534 von Antonello Gagini geschaffen. Ob Katharina tatsächlich einmal lebte, ist hochumstritten. 1969 hatte die Kurie sie sogar aus ihrem Heiligenkalender gestrichen (2002 dann aber doch wieder aufgenommen).

Bei der **Besichtigung des Klosters,** vom zahlreichen Personal immer wieder auf den richtigen Weg gewiesen, kommt man in die Waschstube, zum Öllagerraum und an den Wohnzellen vorbei, die teilweise mit verglasten Veranden ausgestattet sind und den reizvollen Kreuzgang mit seinem Brunnen rahmen. Dann passiert man die sich oberhalb des Kirchenraums entlang des Umgangs aufreihenden **Nonnenchöre**, die vergitterten „Logen", in denen die Schwestern ungesehen am öffentlichen Gottesdienst teilnahmen. Entlang des Gewölbes des Längsschiffs geht es dann hinaus auf die **Terrassen** mit fantastischem Blick auf die Piazza Pretoria und das Kreisrund des Brunnens.

2014 gaben die Schwestern das Kloster auf. Seit 2017 ist es **Museum und Laden:** Denn auch die Rezepte der Nonnen („I Segreti del Chiostro") sind erhalten. „Die Geheimnisse des Kreuzgangs" entpuppen sich als überaus kalorienreiche Kreationen aus Mandeln, Pistazien, Eiern, Mehl, Milch, kandierten Früchten und Zucker. Die „gramolata", die klösterliche Spezialversion einer Granita (s. S. 83), ist da noch die kleinste Sünde, eine weit größere die „minne di vergine", die „Jungfrauenlust".

› Piazza Bellini 1, Tel. 091 2713837, www.monasterosantacaterina.com, geöffnet: Kirche Mo–Sa 9–19, So 9–18 Uhr (Winter 8.30–18.30/17.30 Uhr), Kloster/Terrassen tgl. 10–19 Uhr (Winter 8.30–18.30 Uhr), Eintritt: Kirche 3 €, Terrassen 5 €, Kirche u. Terrassen 7 €, Kloster u. Terrassen oder Kloster u. Kirche 8 €, Kirche, Kloster, Terrassen 10 €

› **Dolceria I Segreti del Chiostro,** Discesa dei Giudici 33, Tel. 3275882302, www.isegretidelchiostro.com, geöffnet: Mo–Do 10–14, Fr–So 10–18 Uhr

⊡ Hinter der Barockfassade der Chiesa di Santa Maria dell'Ammiraglio verbirgt sich ein Juwel byzantinischer Mosaikkunst

4 Chiesa di Santa Maria dell'Ammiraglio (La Martorana) ★★★ [E6]

Auf einer Terrassenstufe wachen zwei etwas seltsam wirkende Gebäude über die Piazza Bellini. Nur eines zeigt sich eindeutig als Kirche, das zweite gleicht eher einer Marabout-Grabstelle Nordafrikas, doch beide sind normannischen Ursprungs (und UNESCO-Weltkulturerbe).

Georg von Antiochien (um 1085–1151), Sohn eines Griechen und einer Syrerin, wuchs in Tunesien auf, trat um 1110 in die Dienste des Grafen und späteren Königs von Sizilien, **Ruggero II.**, und machte Karriere. Als Kanzler und Großadmiral stiftete er (zusammen mit dem König) 1143 die **Admiralskirche** und ließ sie mit Mosaiken ausstatten. Ihren Zweitnamen „La Martorana" erhielt die Kirche nach **Eloisa Martorana**, einer Adligen, die 1193 auf dem Nachbargrundstück ein Benediktinerinnen-Kloster gegründet hatte. 1943 wurde die Kirche von der Pfarrei San Nicolò dei Greci übernommen, dessen orthodoxe Messen nach dem byzantinischen Ritus mit Gesängen sehr eindrücklich sind.

Von außen erinnert wenig an das 12. Jh. Nur der **Turm** (die zwei unteren Etagen sind original) bezeugt normannische Baukunst. Das Gebäude war ursprünglich eine fast quadratische Kreuzkuppelkirche, die man im 17. Jh. – unter Einriss der Westwand und der Hauptapsis im Osten – in beide Richtungen verlängert hatte. Die bedeutenden **Stiftungsmosaiken** der Westwand wurden vorher abgenommen und in den Ecken der neu errichteten Vorhalle angebracht. An der **südlichen Ecke** setzt Christus Ruggero II. die Königskrone auf, was so eigentlich gar nicht sein dürfte, denn

012pa-fk

Christus krönt in der byzantinischen Glaubensvorstellung nur Kaiser, die wiederum Königen ihre Macht verliehen. Ruggero II. hatte sich indirekt die Kaiserwürde angeeignet.

An der **nördlichen Ecke** segnet Jungfrau Maria den alten, demütig am Boden liegenden Georg von Antiochien. Auf dem Mosaik in der **Kuppel** umgeben die vier Erzengel Christus als Weltenherrscher. Im achteckigen Band unter ihnen halten acht Propheten ihre Schriftrollen in Händen und in den Ecknischen darunter sind die vier Evangelisten zu sehen. Die Fresken im angefügten **Westteil** stammen aus der ersten Hälfte des 18. Jh.

› Piazza Bellini 3, Tel. 3458288231, www.ilgeniodipalermo.com, geöffnet: Mo–Sa 9.30–13, 15.30–17.30, So 9.30–10.30 Uhr, Eintritt: 2 € (Circuito del Sacro 1 €), Orthodoxe Liturgie tgl. 8.30 u. 11 Uhr

MEIN TIPP

Real Teatro Bellini

1726 öffnete das **Logentheater** an der Piazza Bellini erstmals seine Pforten. Das Attribut „Real" erhielt die früher bedeutendste Bühne Palermos von Königin Maria Carolina von Habsburg-Lothringen, die 1798 von Neapel ins Exil nach Palermo floh und Gast des Theaters war. 1943 wurde es Soldatenkino der US-Amerikaner und renoviert ist es seit 2019 wieder Spielort modern interpretierter Stücke. Tagsüber gibt es Führungen durch den Komplex.

1 [E6] **Real Teatro Bellini,** Piazza Bellini 7, Tel. 3928888953, www.facebook.com/realteatrobellini, geöffnet: Mo–Sa 11–18, So 10–13 Uhr, Eintritt: 2,50 €

5 Chiesa di San Cataldo ★ [E6]

Drei Kuppeln bekrönen die schlichte Normannenkirche San Cataldo und bringen nordafrikanische Atmosphäre auf die Piazza Bellini. Der Kubus des Baukörpers ist fast ebenso schmucklos wie das Innere.

Auch diese Kirche geht auf einen Admiral zurück. **Maio von Bari** (um 1115–1160) war unter Ruggero II. Vizekanzler und kommandierte für dessen Sohn Guglielmo I. die sizilianische Flotte. 1154 begonnen, erlebte Bari die Vollendung des Baus nicht mehr. Er hatte die Verwaltung Siziliens gestrafft, dabei aber die Landadeligen gegen sich aufgebracht. Sie rächten sich mit seiner Ermordung. Die Kirche erhielt deshalb keinen Innenschmuck mehr. 1182 übernahmen sie Benediktiner, deren Veränderungen wurden 1882 bis 1885 zurückgebaut. Seit 1937 unterhalten **Ritter des hl. Grabes zu Jerusalem** die Kirche. Auch ihnen schien nackter Stein am angemessensten (ihr Jerusalemkreuz ist am Eingang und in der Apsis am Tafelkreuz zu sehen).

Bis auf ein schmales, filigranes **Zinnenband** in arabischem Stil und von unauffälligen Blendbogen umgebene **romanische Fenster** ist der Kubus ungegliedert. Betritt man das Gotteshaus, umfängt einen sofort die **würdevolle Stimmung.** Geteilt in das Hauptschiff mit drei Kuppeln, aus denen spärlich Licht fällt, und in die von schlanken (antiken) Säulen und Kreuzgratgewölben definierten Seitenschiffe, wirkt der Raum wie gemacht für die Kontemplation. Beachtenswert ist das **Bodenmosaik** aus Marmor, Serpentin und Porphyr (aus dem 12. Jh.). Das in der Apsis hängende Tafelkreuz hat kunsthistorisch keine Bedeutung.

Ursprünglich waren die auf einen Quaderaufsatz gestellten **drei Dachkuppeln** mit einer Art Estrich aus Sand, Kalk und Tonscherben überzogen, der sie wie Marmor wirken ließ, heute sind die Hauben rot gestrichen und eines der Wahrzeichen Palermos. Seit 2015 gehört das Kirchlein zum Weltkulturerbe.

› Piazza Bellini 5, Tel. 091 6077111, www.ilgeniodipalermo.com, geöffnet: tgl. 9–18.30, Winter 9–17.30 Uhr, Eintritt: 2,50 € (Circuito del Sacro 1,50 €)

MEIN TIPP

Pasta oder „pasticcini"?

Nudeln oder Gebäck? Im Bistro **Plaza Pretoria** (s. S. 88) geht alles ganz schnell und ist noch dazu lecker. Es gibt Nudelgerichte, Pizza, Sandwiches, Kuchen, Eis und vieles mehr – und für die Lage extrem günstig.

Das No Mafia Memorial ist Gedenk- und Begegnungsstätte

Corso Vittorio Emanuele

Nimmt man den Corso Vittorio Emanuele (auch **Via Vittorio Emanuele** genannt) nach Westen, gewährt das **No Mafia Memorial** 6 Einblicke in die dunkle Vergangenheit der Stadt. Der **Palazzo Belmonte Riso** 7 ist Sitz des **Museo regionale d'Arte Moderna e Contemporanea** und gegenüber weitet sich die Piazza Bologni mit Cafés, Restaurants und – weiter hinten – dem **Palazzo Alliata di Villafranca** 8, dem Stadtsitz einer bedeutenden Familie. Den Corso weiter westlich weist ein unscheinbares Schild in einem Durchgang auf den **Palazzo Drago Airoldi di Santa Colomba** 9 hin, einen Stadtpalast palermitanischen Adels. Vorbei an der Barockkirche SS. Salvatore gelangt man zur **Cattedrale Maria Santissima Assunta** 10. Im Bischofspalast ist das **Museo Diocesano** 11 untergebracht. Vorbei an Park Villa Bonanno biegt man vor dem Triumphbogen **Porta Nuova** 13 links ab und kommt auf der Piazza del Parlamento zum Eingang des **Palazzo Reale** 12. Hinter Palast und Porta beginnt an der Piazza Independenza die Neustadt.

6 No Mafia Memorial ★ [D6]

„Pizzo" – Schutzgeld – war einst die Geisel der Geschäftsleute und der Ladenbesitzer Palermos. Es spielt heutzutage keine Rolle mehr, aber die gewalttätige Geschichte der Mafia ist nicht vergessen.

Die Ausstellung im Palazzo Gulì (19. Jh.) begreift sich weniger als Museum denn als **Gedenkstätte** für die Geschichte der Mafia, zur Erinnerung an Opfer und Täter. In mehreren Räumen erinnern Fotos und Dokumente an die Entstehung der modernen Mafia, an die Rolle des US-amerikanischen Militärs, dem die Strukturen eine willkommene Unterstützung beim Kampf gegen die Wehrmacht schienen, an Banditen auf dem Land wie Salvatore Giuliano, Drogengeschäfte in den 1970er-Jahren, die Attentate auf die Mafia-Jäger Falcone und Borsellino und das Aufblühen der breiten Anti-Mafia-Bewegung. Erklärtermaßen will man auch Begegnungsstätte sein für Forscher, Studenten oder einfach nur Interessierte.

› Corso Vittorio Emanuele 353, Tel. 3479673896, www.nomafiamemorial.org, geöffnet: tgl. 11–18 Uhr, Eintritt: frei (Spende erbeten)

013pa-fk

7 Museo regionale d'Arte Moderna e Contemporanea und Palazzo Riso ★★ [D6]

Arbeiten zeitgenössischer sizilianischer Künstler haben seit 2008 in diesem Museum ihr wichtigstes Ausstellungsforum.

Den Palast ließen sich die Fürsten von Ventimiglia di Belmonte 1784 am Übergang vom Spätbarock zum Klassizismus erbauen (im 19. Jh. kaufte ihn Baron Riso di Colobria), im Zweiten Weltkrieg zerbombten Flugzeuge der Alliierten wesentliche Teile. Erst Mitte der 1990er-Jahre begannen die Renovierungsarbeiten. Einige Mauern im Nachkriegszustand kontrastieren mit den modernen Ausstellungsflächen.

Zu den ausgestellten Künstlern gehören der abstrakte Maler Antonio Sanfilippo und Paola Pivi mit seinen Installationen. Giovanni Anselmo ist ein Vertreter der *Arte povera* (der „armen Kunst"), die er auf der Insel Stromboli pflegte – räumliche Installationen aus „billigen", in der Natur gesammelten Fundstücken.

› Corso Vittorio Emanuele 365, Tel. 091 587717, www.museoartecontemporanea.it, geöffnet: Di–Sa 9–18.30, So 9–13 Uhr, Eintritt: 6 €

014pa-fk

8 Palazzo Alliata di Villafranca ★★ [D6]

An der Piazza Bologni steht ein Palast, dessen Fassade nur noch ein wenig von einer grandiosen Vergangenheit kündet. Innen entfaltet sich dann aber die wahre Pracht adeligen Lebens.

Das Gebäude gehörte im 16. Jh. der Familie Beccadelli di Bologna (die der Piazza Bologni ihren Namen lieh). Die Familie Alliata aus Pisa kaufte und erweiterte es im 17. Jh. Im 18. Jh. gestalteten Giovanni Battista Vaccarini und Francesco Ferigno den Palast in **sizilianischem Spätbarock.**

Die **Prachtstiege** des Haupttreppenhauses geht auf Umbauten des späten 19. Jh. zurück, als Neugotik den Zeitgeschmack repräsentierte. Die herrliche **Glastür mit Ahnen** schuf Pietro Bevilacqua im Jahr 1929: Links ist der Mailänder Erzbischof San Dazio Alliata (6. Jh.), rechts der Kreuzritter San Leone Alliata (13. Jh.) zu sehen.

Die neun Säle des **Piano Nobile** sind mit wertvollen Antiquitäten ausgestattet und an den Wänden hängen einige weltberühmte Werke. Über dem Kamin befindet sich das manieristische Gemälde „Orpheus betört die Tierwelt" (um 1620) von Pietro d'Asaro. Der Niederländer Matthias Stomer ist mit zwei Bildern im Principe-Fabrizio-Saal vertreten: „Steinigung des heiligen Stephanus" und „Tribut des Geldes" (beide 1639–1640). Im Barockzimmer (Grüner Saal) hängt mit der „Kreuzigung" (1624) des Flamen Anthonis van Dyck ein weiteres Meisterwerk.

‹ Fürstlicher Prunk im Palazzo Alliata di Villafranca

› Piazza Bologni 20, Tel. 3240715043, www.palazzoalliatadivillafranca.wordpress.com, geöffnet: nach Voranmeldung im Sommer tgl. 10.30–17.30, im Winter Fr–Mo 10.30–17 Uhr, Eintritt: 10 € (mit Führung)

9 Palazzo Drago Airoldi di Santa Colomba ★★ [D6]

Von außen ist nicht zu ahnen, was sich in der ersten Etage verbirgt. Die Edlen von Drago wussten zu leben, hatten ein offenes Haus und illustre Besucher.

Ein Auszug der Gästeliste gefällig? Isadora Duncan (Tänzerin), Eleonora Duse (Schauspielerin), Wilhelm II. (Kaiser), Nikolaus II. (Zar), der Duke of Kent (Prinz), Gabriele d'Annunzio (Mentor Mussolinis) und Giuseppe Garibaldi (Untergrundkämpfer). Wenn Sie Glück haben, führt Sie der Hausherr persönlich durch die Zimmerfluchten in der ersten Etage. Vielleicht haben Sie sich ja aber auch in einem der 23 Apartments in der zweiten und dritten Etage eingemietet (s. S. 128)?

Das Gebäude steht auf **römischen Fundamenten** am Corso, wo sich im 15. Jh. nur die angesehensten Familien niederließen. Für 1714 ist als Hausbesitzer Casimiro Drago genannt, Vorstand der bischöflichen Verwaltung. Dessen Sohn ließ das Gebäude Mitte des 17. Jh. leicht verändern und bestellte 1745 bei Olivio Sozzi die **Fresken der Haupthalle.** Im 19. Jh. ging der Palast in die Hände der Airoldi-Familie über, die ihn 1872 **klassizistisch-eklektizistisch** umgestaltete. Dabei legte man Wert auf Luftigkeit, Licht und eine heitere Atmosphäre. Die Möblierung ist zurückhaltend gewählt. Besonders schön sind **Stuck** und **Deckenfresken** (teils als Trompe-l'œil-Malerei), aber auch die **Kunstschätze** können sich sehen lassen: darunter wertvolle Standuhren, ein Taufbecken aus dem 17. Jh. und religiöse Bilder in Goldgrundtechnik aus dem 15. Jh.

› Corso Vittorio Emanuele 382, Tel. 3337986324, www.palazzodragoairoldi.com, geöffnet: tgl. 11–18 Uhr, Eintritt: 7,50 €

„Reinschmeißer"

Die **Restaurants der Piazza Bologni** [D6] gehören zu den wenigen in der Stadt, deren Personal offensiv Passanten anspricht und in die Lokale lockt: Italiener bezeichnen so einen „Animateur" recht treffend als *buttadentro* („Reinschmeißer").

10 Cattedrale Maria Santissima Assunta ★★★ [C6]

Die „Normannenkirche" ist steinalt (die Fundamente stammen aus dem 6. Jh.). In ihr ruhen Kaiser und Könige, in ihr haben Muslime und Christen gebetet. Besucher dürfen sie heute von ganz unten (aus der Krypta) bis nach ganz oben (zu den Dächern) erkunden.

Die „Kathedrale der Himmelfahrt der Allerheiligsten Jungfrau Maria" steht mit imposanten 115 m Länge an der Cassaro Alto genannten, parkähnlichen Piazza. Einst stand hier eine frühchristliche Basilika, die die Araber nach der Eroberung in eine Moschee umwandelten. Als sie die Insel aufgeben mussten, nutzten die Christen sie wieder für ihre Riten.

1170 hatte **Gualtiero Offamilio** einige Gründe für einen Neubau. Die Kirche war erdbebengeschädigt, er selbst Minister und Erzbischof geworden und Wilhelm II. (bzw. Margarete von Navarra, die für ihren minderjährigen Sohn regierte) plante die Kathedrale von Monreale – Offamilio konnte da nicht nachstehen. Allerdings musste er einen Trick bemühen. Er wollte eine **Wehrkirche**, durfte aber den westlich orientierten Eingang nicht mit flankierenden Türmen befestigen – das war königliches Privileg. So ließ er in einigem Abstand vor dem Eingang einen **Einzelturm** errichten, den zwei Arkaden in luftiger Höhe mit den Wehrgängen des Kathedralendachs verbanden. Noch heute ist dies zu erkennen (wenn auch die Bögen zum Bischofspalast mit seinem wuchtigen Turm nicht mehr original sind).

Im 14. und 15. Jh. hatte man das Bauwerk gotisch überformt und zwischen 1781 und 1801 nochmals massiv verändert. Das Innere erhielt eine barocke Ausstattung. Der Originalbau ist so nur in Teilen erhalten. Am besten sieht man die arabisch beeinflusste **normannische Baukunst** an der „Rückseite", dem Ostwerk, mit ineinander übergehenden Blendbögen, Medaillons und einer burgähnlichen Zinnenbekrönung, die an der Apsis elegante Zierbänder schmücken.

Den monumentalen **Portikus** an der dem Cassaro Alto zugewandten Seite fügte Antonino Gambara im Stil der katalanischen Gotik 1453 an. Vier grazile, in Spitzbogen auslaufende Säulen tragen ein Tympanon mit arabisch anmutendem, floralem Muster und in der Mitte Christus auf dem Thron. Das nach innen versetzte **Portal** mit flankierenden Säulendrillingen stammt ebenfalls von Gambara (1426), das kleine Steinmedaillon unter dem Mosaik mit Christus auf Marias Schoß zeigt den segnenden Gottvater.

Im Inneren der dreischiffigen Kirche mit ihrem schon klassizistisch angehauchten Programm achte man u. a. auf die im Kirchenraum verteilten rund drei Dutzend **Statuen**, die im 16. Jh. als Ensemble die Wand hinter dem Altar schmückten. Auch das fein gearbeitete **Weihwasserbecken** aus weißem Marmor von 1583 (Domeni-

co Gagini), das sich zwischen der vierten und fünften Säule des südlichen Hauptschiffs befindet, ist kostbar. Das Weihwasserbecken an der Säulenreihe gegenüber stammt von 1553. In den Fußboden eingelassen ist seit 1801 eine **Sonnenuhr.** Den mit Intarsien verzierten Metallstreifen (Marken u. a. zur Bestimmung von Sonnwende und Tagundnachtgleiche) treffen die Sonnenstrahlen ganzjährig genau um 12 Uhr mittags. Der Meridian ist zwischen dem ersten Säulenpaar präzise nordsüdlich ausgerichtet.

Die **Kaisergräber** befinden sich in der Südwestecke in einem abgetrennten Bereich. Steht man vor ihnen, ruht rechter Hand im Wandsarkophag **Costanza di Aragona,** Frau von Friedrich II. Neben ihr, im vorderen Sarkophag, liegt **Kaiser Heinrich VI.,** Vater Friedrichs II. und Sohn von Friedrich Barbarossa. Im rechten hinteren, freistehenden Sarkophag fand **Costanza d'Altavilla,** Ehefrau Heinrichs VI. und Mutter von Friedrich II., ihre letzte Ruhestätte. Im linken hinteren Grab ruht **Roger II.,** König von Sizilien und Großvater von **Kaiser Friedrich II.,** der seinen Platz im linken vorderen Sarkophag gefunden hat. Im Wandsarkophag links neben ihm liegt (etwas aus der Reihe tanzend) **Guglielmo di Atene** aus dem Hause Aragón, den Nachfolgern der Staufer.

Als 1781 der Sarkophag von Friedrich II. erstmals geöffnet wurde, machte man eine ungeheuerliche Entdeckung: Bei ihm lagen zwei weitere Leichen. 1998 hob man den Deckel des Porphyr-Sarkophags für Untersuchungen. Die Ergebnisse: Der Kaiser starb eines natürlichen Todes und eine der Leichen soll Peter II. von Aragón sein, erschlagen mit einer Axt. Die zweite (weibliche) Leiche war wohl 20 bis 25 Jahre alt, ihre Geschichte aufzuklären, ist nicht möglich. Fast wäre Friedrich II. 1943 übrigens aus Palermo verschwunden. Als die Wehrmacht Sizilien räumte, gab Reichsmarschall Göring den Befehl zur „Evakuierung" der Staufer. Der zuständige Admiral ignorierte das allerdings.

Rechts des Altarraums ist die **Cappella di Santa Rosalia** mit den Gebeinen der Stadtheiligen (in einem silbernen Reliquiar von 1631). Die **Schatzkammer** befindet sich rechts der Kapelle in den Sakristeien (und gewährt auch Zugang zur Krypta). Bedeutendste Exponate sind die byzantinische Krone und die Ringe, die Friedrich II. seiner Frau Constanze schenkte (sie wurden in ihrem Grab gefunden). In der **Krypta** liegen u.a. Erzbischof Gualtiero Offamilio (Erbauer der Kathedrale) und der illegitime Sohn Friedrichs II., Friedrich von Antiochia, Ahnherr des Conte Federico (s. Palazzo Conte Federico 15).

016pa-fk

☐ *Palermos Kathedrale ist gewaltig groß und gewaltig schön*

MEIN TIPP

Park Villa Bonanno

Die **Grünfläche** liegt quadratisch-praktisch genau zwischen Kathedrale ⑩ und Palazzo Reale ⑫ und ist mit ihren Bänken und dem Schatten der 1905 gepflanzten Palmen für eine kleine Rast perfekt. Genau 150 x 150 m misst der Park, Teil der Piazza della Vittoria, die im Westen in Richtung Palazzo Reale in die mit Hecken zum Barockgarten gestaltete Piazza del Parlamento übergeht (mit dem Eingang zum Palazzo Reale). An der Südostecke des Bonanno-Parks sind noch Fundamente einer **Villa romana** zu sehen. Das Denkmal **Teatro Marmoreo** an der Südseite der Piazza del Parlamento stammt von Gaspare Guercio, Carlo D'Aprile und Gaspare Serpotta (1662) und verherrlicht den spanisch-sizilianischen König Philipp IV.

Ein wenig Kondition sollte man für die **Besteigung des Dachs**, der *teti*, mitbringen. Die Treppe ist schmal und relativ steil und die 110 Stufen sind ohne Pause in einer langen Kolonne zu absolvieren. Die Aussicht ist natürlich toll – es lohnt sich also.

› Corso Vittorio Emanuele, www.cattedrale.palermo.it, Tel. 091 334373, geöffnet: Kirche Mo–Sa 7–19, So 8–13, 16–19 Uhr, alles andere (Area Monumentale) Mo–Sa 9–17.30, So 10–18 Uhr (letzter Einlass 30 Min. vor Kassenschluss), Nachtbesuch im August Fr/Sa 20.30–24 Uhr, Messen: Mo–Sa 7.30/18, So 8.45/9.45/11/18 Uhr, Eintritt: Kirche frei, Königsgräber und Krypta 2 €, Schatzkammer und Krypta 6 €, Königsgräber, Schatzkammer und Krypta 6,50 €, Königsgräber und Dach 7 €, Komplettbesuch 12 €. Die Kirche darf in ordentlicher Kleidung kostenlos betreten werden, bei kurzen Hosen oder Röcken oder unbedeckten Oberarmen muss man/frau für 1 € eine Art Tunika erwerben.

⑪ Museo Diocesano di Palermo ★★ [C7]

Das Museum in den prachtvollen Räumlichkeiten des Bischofspalasts zeigt religiöse und weltliche Malerei, Porträts, Skulpturen, archäologische Funde und kostbare Antiquitäten.

Ursprünglich stand der Palast vor dem Ostwerk der Kirche. Erzbischof Simone Beccadelli ließ ihn Mitte des 15. Jh. auf den heutigen Platz versetzen. Seit dem 18. Jh. bildet er zusammen mit dem Seminargebäude und der Kurienverwaltung einen Komplex.

Das Museum öffnete 1927. Es spannt den Bogen vom 12. bis ins 19. Jh. und erstreckt sich über zwei Etagen – das Piano Nobile mit den Prachtgemächern und das Untergeschoss, das auch einen Blick auf die Fundamente erlaubt. Die wertvollsten **Marienbilder** sind in Saal 2 zu finden, darunter die „Madonna della Perla" von 1171, ein Madonnenmosaik, das ebenfalls aus dem 12. Jh. stammt, und die „Maria mit dem Kinde zwischen Johannes dem Täufer und Katharina von Alexandrien" (1420). Interessant ist in Saal X auch die **historische Stadtansicht Palermos** im Pestjahr 1530. Die **Cappella Borremans** bei Saal XI, den der Flame Guglielmo Borremans 1733/1734 mit Fresken aus der Kindheit Jesu ausgemalt hat, wurde erst in der zweiten Hälfte des 20. Jh. zur Kapelle. Ihre Holzfelderdecke entstand in dieser Zeit (referiert allerdings die Renaissance). In der Mitte von Saal XIII steht ein riesiges Prozessions-Ferculum aus Silber, ein Tragegestell, auf dem die Heiligenfiguren bei einer Prozession Platz finden. Früher wurde es von Männern am Tag der Heiligen durch die Straßen des Kalsa-Viertels getragen.

› Via Matteo Bonello 2, Tel. 091 6077111, www.museodiocesanopa.it, geöffnet: Sommer Di–Fr/So 9.30–13.30, Sa 10–18 Uhr, Winter Di–So 9.30–13.30 Uhr, Eintritt: 4,50 €

12 Palazzo Reale ★★★ [B7]

Krönenden Abschluss des Corso bildet der Normannenpalast. Die mit Mosaiken geschmückte Cappella Palatina ist einzigartig. Ebenso sehenswert sind die königlichen Gemächer und abschließend führt der Besuch zu den Fundamenten aus punischer Zeit.

Der Palast, der zum **UNESCO-Weltkulturerbe** zählt, wurde an der „höchsten" Stelle der Altstadt errichtet – eine sehr, sehr flache Kuppe, die auch das ursprüngliche Siedlungsgebiet der Phönizier im 8. Jh. v. Chr. markiert. Ihnen folgten Griechen, Punier und Römer. Schließlich eroberten Araber 831 die Stadt. Der Emir von Palermo ließ noch im selben Jahrhundert eine Festung schleifen und durch seine Sommerresidenz ersetzen, *al-Qasr* genannt. Auf sie geht der Name des Cassaro/Corso zurück. Die Normannen bauten den Palast um und machten ihn zum Mittelpunkt der Wissenschaften und der Kunst nicht nur europäischer Protagonisten – auch Gelehrte aus Arabien und Nordafrika gaben sich die Klinke in die Hand. Nach dem Ende der Staufer verfiel der Palast bis ins 16. Jh. hinein. Die spanischen Vizekönige entdeckten ihn neu und passten den Komplex ihren Bedürfnissen an. 1947 zog das sizilianische Parlament ein.

Erste Station ist die **Cappella Palatina.** Die Kapelle entstand 1132 bis 1140 als vollständig in den Palast integrierte Hofkirche (von außen ist die Kirche heute nur durch die klassizistischen Mosaike über und seitlich des Portals markiert). Betritt man den dreischiffigen Raum, umfängt einen sofort der Reichtum des Bildprogramms aus Mosaiken, die oberhalb der weißen, mit Intarsienbändern abgesetzten Marmorwände des Säulenbereichs fast alles bedecken. Nur die fein gearbeitete Holzdecke ist ausgenommen, dafür allerdings mit einer Vielzahl an arabischen Ornamenten, Schriftzeichen, Porträtmedaillons, höfischen Szenen und floralen Mustern versehen.

Die Kapelle folgt in ihrem **Grundriss** zwei architektonischen Ausformungen des Kirchenbaus. Byzantinisch ist die Anlage des mit einer Chorschranke vom Andachtsbereich abgetrennten Presbyteriums als Zentralraum (in angedeuteter Kreuzform). Es besitzt drei Apsiden und westlich ist dann das – der weströmischen Kirchenarchitektur abgeschaute – dreischiffige Langhaus angebaut (Basilikakonzept). Zentral in der **Kuppel des Chors** herrscht Christus als Pantokrator, umgeben von acht Engeln. Unter ihnen und an den Seiten sind die vier Evangelisten Matthäus, Markus, Lukas und Johannes (in den Ecken und „Träger" der Kuppel) und an den Seiten Johannes der Täufer, sein Vater Zacharias und die Könige David und Salomon angebracht. Acht kleine Medaillons zwischen den Engeln und den biblischen Gestalten zeigen Propheten des Alten Testaments.

In der Wölbung der **Mittelapsis** verkündet Christus in Griechisch „Ich bin das Licht der Welt …", direkt über ihm im Gewölbe ist das Symbol des Jüngsten Gerichts zu sehen (Thron, Taube, Folterwerkzeuge), links darunter Erzengel Michael, rechts darunter Erzengel Gabriel, über der Apsiswölbung König David. Die Jungfrau Maria un-

MEIN TIPP

Milzbrötchen

Dass die **Focacceria Testagrossa** (s. S. 92) an der Nordwestecke der Piazza Indipendenza mittags hungrige *Palermitani* dicht umlagern, hat einen einzigen Grund: Die Milzbrötchen (s. S. 85) im Straßenverkauf gehen weg wie warme Semmeln.

ter Christus stammt aus dem 18. Jh. (als man dort ein normannisches Fenster zumauerte).

Nun kann man sich in den zahlreichen biblischen Geschichten verlieren. Die **rechte Apsis** berichtet von der Lebensgeschichte Jesu, beginnend mit Geburt und Flucht über die Taufe bis zum Einzug nach Jerusalem. Im **Mittelschiff** erzählen zwei umlaufende Bänder über den Arkaden das Alte Testament.

Im **Herkules-Saal** tagt das Parlament, die Ausmalung übernahm im frühen 19. Jh. der spanischstämmige Giuseppe Velasco: Zu sehen sind Szenen aus dem Leben der mythologischen Gestalt des Herkules. An den Wänden des **Saals der Vizekönige** *(sala dei vicerè)* hängen 21 mannshohe Porträts von Vizekönigen, Sachwaltern und Präsidenten des bourbonischen Königreichs Sizilien. Die Bilder schwebender Gestalten im **Pompeji-Saal** stammen von 1830 bis 1835 und nehmen mythologische Motive aus Herculaneum und Pompeji auf. An der Decke in der Mitte sind Eros und Aphrodite auf einem Wagen zu sehen.

Der **Roger-Saal** zeigt wie die Kapelle noch die originale Ausstattung der Normannen. Er war das Herzstück der Privaträume des Königs. Wilhelm I. ließ ihn 1160 im unteren Bereich mit einer Marmortäfelung versehen und in den Bogenfeldern darüber und an den Gewölben mit Mosaiken schmücken, die Jagdszenen im arabischen Stil mit Einflüssen persischer Kunstfertigkeit zeigen. Löwen und Pfauen symbolisieren Ewigkeit und Ruhm. Das zentrale, unter Friedrich II. angebrachte Medaillon steht für Macht: Ein Adler greift sich einen Hasen.

› Piazza del Parlamento 1, Tel. 091 7055611, www.federicosecondo.org, allgemeine Öffnungszeiten: Cappella Palatina, Sonderausstellungen in der Sala Montalto und Giardini Reali Mo–Sa 8.15–16.40 Uhr (Einlass bis 15 Uhr), So 8.15–13 Uhr (Einlass bis 12 Uhr). An Sonntagvormittagen (und seltener an bestimmten Wochentagen) kann die Cappella Palatina wegen Messen geschlossen sein. Die Appartamenti Reali sind in der Sitzungsperiode von Di bis Do immer geschlossen (sonst selbe Öffnungszeiten). Genaue Öffnungszeiten siehe Website. Eintritt (Online-Buchung mit fester Uhrzeit zusätzlich 1 €): Cappella, Appartamenti und Giardini 14,50 €, Cappella und Giardini 10 €, Sonderausstellungen 6–10 €, im Hochsommer Touristenaufschlag 3,50 €.

13 Porta Nuova ★ [B7]

Die Skulpturen des Durchlasses am Normannenpalast sind politisch ziemlich unkorrekt. „Maurenfiguren" sollen speziell Besucher aus dem Morgenland zu Wohlverhalten anregen.

Das massige Bauwerk am Corso Vittorio Emanuele entstand 1569 bis 1583 an Stelle eines Stadttors, dann aber explodierte 1667 in seinem Magazin Schießpulver, sodass man 1669 in manieristischem Stil die Loggia mit dem Pyramidendach aufsetzte. Der **Triumphbogen** gedenkt des Sieges von Karl V. bei der Schlacht von Tunis (1535). Vier als Dreiviertelfiguren ausgeführte **überlebensgroße Osmanen** dienen im Sockelbereich als Pfeiler. Zwei haben amputierte Arme und zwei verschränken sie vor der Brust. Das Bild entstammt einer Legende: Als Graf Roger bei der Eroberung Siziliens im 11. Jh. zu Ohren kam, dass vier Giganten das arabische Palermo bewachten und von jedem Einlass Begehrenden Tribut forderten, preschte er auf seinem Pferd vor die Tore und schlug zweien der Riesen die Arme ab. Den anderen ließ er die Arme binden – was auch zu einem Thema der Puppentheater Siziliens wurde.

MEIN TIPP

Ausflug nach Danisinni

Wenige Schritte sind es von der Piazza Independenza [B7/8] unter einem Bogengang durch und auf einer Treppe hinunter zur Via Casamirra und in den Stadtteil **Danisinni.** Das Viertel war zur Zeit der Araber ein romantisches Tal, durch das das Flüsschen Papireto floss. Sein Wasser sorgte für fruchtbare Böden und ließ das Viertel zur „Waschmaschine" Palermos werden. An seinen Ufern wuschen die Frauen von Danisinni die Wäsche der Adligen und reichen Bürger – und kamen zurecht. Als der Papireto dann unter Pflaster verschwand, war beides vorbei und das Viertel fiel in Armut. Tatsächlich findet man sich heute in einem Dorf mit einem großen, landwirtschaftlich genutzten Feld, einer kleinen Kirche und niedrigen Häusern, an die seitlich oben und unten Anbauten vom Einfallsreichtum der Bewohner, aber auch von Armut und von Arbeitslosigkeit erzählen.

Dass die rund 2000 Menschen in den Focus geraten sind, ist Pater Fra Mauro zu danken. Er übernahm 2005 den Sprengel und stieß zahlreiche Projekte an: Pflanzungen auf den brachliegenden Flächen, Theater, Street-Art, Ferienwohnungsbau in ehemaligen Stallungen, einen Imbiss und Führungen durchs Viertel. Noch steht alles auf Anfang, doch die ersten Touristen schauen schon vorbei, interessieren sich für die Sozialprojekte und erlauben schon einigen Bewohnern, sich ein Zubrot zu verdienen.

› Piazza Danisinni ([bj], über die Via Casamirra oder die Via Danisinni erreichbar). Führungen unternimmt u. a. Wonderful Italy/MICRO², Via Torremuzza 15, Tel. 091 7838185, https://wonderfulitaly.eu/en/esperienze/danisinni-tour-the-social-rebirth-17607.html

019pa-fk

Albergheria-Viertel

Dort, wo Phönizier erstmals siedelten, pulsiert mit dem **Mercato di Ballarò** 16 heute das multikulturelle Leben. Ein architektonisches Kleinod wie die **Chiesa San Giovanni degli Eremiti** 14 ist mit ihrer arabo-normannischen Architektur Symbol für diese Befruchtung und Synthese von Kulturkreisen. Den Bogen von der Epoche der Normannen bis in die heutige Zeit spannt dann der **Palazzo Conte Federico** 15.

Die drei Hauptkirchen des Viertels im Stil von Renaissance und Barock stehen dicht beieinander: **Chiesa del Carmine Maggiore** 19, **Chiesa del Gesù di Casa Professa** 18 (die älteste Jesuitenkirche Siziliens mit Museum) und **Chiesa di Santa Chiara** 17. Den Überblick liefert der **Torre di San Nicolò all'Albergheria** (s. S. 35).

020pa-fk

14 Chiesa di San Giovanni degli Eremiti ★★★ [B8]

Die zarten Säulen des Kreuzgangs stehen im Geviert im satten Grün des kleinen Parks und bilden eine Oase des Friedens. Die Kirche ist eines der neun Bauwerke Palermos, die mit ihrer normannischen Architektur UNESCO-Weltkulturerbe sind.

Die auf das 6. Jh. zurückgehende Kirche des Klosters Sant'Ermete (hl. Hermes) war Johannes dem Täufer geweiht (durch eine Wortverdrehung ist daraus „San Giovanni degli Eremiti" geworden). Die Araber hatten die Kirche zur Moschee gewandelt, **normannische Benediktiner** zerstörten sie und bauten unter Verwendung abgetragener Bauteile (Spolien) neu. Das Kirchenschiff wurde um 1145 fertiggestellt, der Kreuzgang kam im 13. Jh. hinzu. Die **kubische Anlage** mit zwei großen Kuppeln auf dem Hauptschiff, einer kleineren Vierungskuppel und je einer Kuppel auf dem südlichen Flügel des Querschiffs und dem (auf den nördlichen Flügel gesetzten) Turm zitiert die arabische Baukunst.

Ein (ordensgerechter) Verzicht auf prächtige Ausstattung zeigt die Kirche so, wie sie einst war. Im Inneren sieht man das freiliegende perfekte Mauerwerk der Kuppeln. **Freskenreste** sind in der Sakristei erhalten, dem Arabischen Saal aus dem 16. Jh. mit drei Kreuzgewölben, darunter eine Maria, die von zwei Heiligen flankiert wird.

Die intensive **rote Färbung der Kuppeln** ist nicht original, sondern stammt von der Restaurierung Ende des 19. Jh. Man ging davon aus, dass sie ursprünglich mit einer Mischung

Die Kuppeln von San Giovanni vom benachbarten Campanile aus gesehen

MEIN TIPP

Panino oder Pizza

Die **Focacceria San Giovanni degli Eremiti** (s. S. 92) 50 m von der Eremitenkirche ist eine gute Adresse für ein Panino mit Espresso oder eine günstige Pasta mit einem Gläschen Wein unter den Schirmen auf der Piazzetta.

aus Kalk, Sand und gemahlenen Ziegelresten *(coccio pesto)* verputzt waren, der frisch angerührt eine leicht rosa Färbung aufweist, mit der Zeit aber eine gräuliche Farbe annimmt. Nichtsdestotrotz strich man die Kuppeln rot – und sie wurden ein Wahrzeichen Palermos. Wer einen Blick von oben auf die Anlage (und die Kuppeln) werfen will, kann den **Campanile** der Kirche San Giuseppe Cafasso gleich nebenan besteigen (wenngleich der Eintritt unangemessen hoch ist).

› **San Giovanni,** Via dei Benedettini 20, Tel. 091 6515019, geöffnet: Mo–Sa 9–18.30, So 9–13 Uhr, Eintritt: 6 € (mit Palazzo Abatellis 26 10,50 €)
› **Campanile,** Via dei Benedettini 16, Tel. 091 5083640, geöffnet: tgl. 10–15.30 Uhr, Eintritt: 4 €

15 Palazzo Conte Federico ★★★ [D7]

Friedrich der II. – Staufer, Kaiser und das „Staunen der Welt" – hatte einen illegitimen Sohn: Federico di Antiochia. Seine Nachkommen leben seit dem 12. Jh. in Palermo und ihr Palast gilt (in Teilen) als eines der ältesten Gebäude der Stadt. Die ausgiebige Führung mit einem der Familienmitglieder ist ein Muss!

Nimmt man von der Via Porta di Castro den Vicolo Conte Federico nach Norden, stößt man nach wenigen Schritten auf die breite Fassade, die man als einfacheres Wohnhaus betrachten würde – stünde da nicht in der Durchfahrt zum „Hof" ein knallroter Vorkriegsrennwagen, ein **Fiat Balilla 508 Sport.** Tatsächlich war **Alessandro,** der amtierende Graf des Hauses Federico, passionierter Rennfahrer und auf allen Rallyestrecken der Welt zu Hause (zahllose Pokale im Palast zeugen davon). Die Dame des Hauses, **Alwine,** österreichischen Ursprungs, hat es mehr mit dem Meer. Als Wettkampfschwimmerin sammelte sie nicht weniger Auszeichnungen als ihr Gatte. Als Opernsängerin am Teatro Massimo 38 war sie außerdem noch ein gefeierter Star. Sie hat entschieden, den Palast der Familie der Öffentlichkeit zugänglich zu

021pa-fk

› *Ein gräfliches Rennauto als Blickfang am Palast*

MEIN TIPP

Eine Wunderkammer

La Camera delle Meraviglie ist ein Zimmerchen in tiefem Blau mit goldenem Schmuck an den Wänden. Ein weiterer Raum zeigt sich im Stil des Liberty (des italienischen Jugendstils), ein dritter mit Fresken. Alle sind Teil eines privaten Apartments. Die Wunderkammer entstand wohl im 19. Jh., die arabischen Schriftzeichen ähnelnde Dekoration ist ohne inhaltliche Bedeutung.

★2 [C8] **La Camera delle Meraviglie,** Via Porta di Castro 239, Tel. 3298765958 oder 3207672134, geöffnet: nur nach Voranmeldung, Eintritt: 7 €

machen. Ihre Söhne, **Andrea** und **Niccolò,** führen Besucher auf Deutsch und Englisch durch Barockhallen und Gesinderäume, Küchen und Speisezimmer, Fechtsaal und Bibliothek, über enge Stiegen und unter herrlichen Renaissancedecken zum Herzstück, dem **Torre Federico.** Wobei die Fundamente noch älter sind und auf punischen Mauern gründen (weshalb der Palast einen ziemlich unregelmäßigen Grundriss besitzt). Der Torre ist der einzig verbliebene Wehrbau der **normannischen Stadtmauer,** die früher 21 Türme sicherten. Eines der beiden Zwillingsfenster stammt aus normannischer (12. Jh.), das andere aus aragonesischer Zeit (14. Jh.).

Die **Antiquitäten** im Palast sind fast durchweg (über Jahrhunderte hinweg gesammelte) Preziosen – wie der Flügel, den 1882 Richard Wagner bespielte. Und dass die Familie am Geschick des Landes mitstrickte, ist ihr noch heute Ehrensache: Mit Garibaldi – einem guten Freund des Hauses – unterstützte sie in den 1860er-Jahren einen Revolutionär und Untergrundkämpfer finanziell. Die Einigung Italiens war der Lohn.

› Piazza Conte Federico 2, Tel. 091 6511881, www.contefederico.com, geöffnet: März–Dez. Do–Di 11–16 Uhr, Führungen stündlich (auch auf Englisch und Deutsch), Eintritt: 10 €

16 Mercato di Ballarò ★★★ [D7]

Marktschreier lärmen sich ins Innenohr, zwischen Auslagen bilden Hausfrauen, Passanten und Touristen dichte Trauben, hupende Vespas schieben sich voran, Kellner balancieren Espressi, an den Fischständen schwappt Wasser über Pflaster und Schuh. Nirgends sonst ist Palermos Stadtleben so hin- und mitreißend!

023pa-fk

Kein Mensch weiß, wie viele Händler auf dem **ältesten Markt der Stadt** ihre Waren anbieten und kein Mensch kann ihn kontrollieren. Genießen Sie also das Chaos. Ballarò ist vornehmlich ein **Lebensmittelmarkt** und die Preise sind günstig. Eingelegte Oliven, Kapern und getrocknete Tomaten, appetitliche Tintenfische, glänzende Schwertfische, bleiche Schweinsköpfe und gelbe Hühnerbeine: Das Angebot ist endlos und stammt von den Feldern vor den Toren der Stadt, aus den Bergen der Madonie, von den Trawlern der Fischer und aus aller Herren Länder. Und Händler und Käufer wissen genau, was sie wollen. Keiner lässt sich über den Tisch ziehen. Wird gekeift, klingt die Antwort nicht anders, fast entstehen Blutfehden. Doch dann ist man plötzlich einig. Geld und Ware wechseln die Besitzer, ein freundliches Ciao beendet die Transaktion – morgen ist ein anderer Tag.

Ballarò steht in der Tradition des nordafrikanischen Souk, des Basars in den Gassen rund um die Moschee, in denen die Händler ihre Ware anboten. Doch ging es schon damals nie nur darum. Der Basar war und ist auch ein **Ort der Zusammenkunft und des Austauschs**, der Neuigkeiten und des Tratsches. Die **Cafés** und **Bars** sind auch heute der richtige Ort für ein Schwätzchen und das eine oder andere Gerücht, das man gerne teilt – erst recht abends, wenn die Händler die Stände abgebaut haben, die Rollläden hochgefahren sind, Tische, Stühle und

Mein Tipp

Hoch über dem Markt

Der Torre di San Nicolò all'Albergheria entstand im 13. Jh. als **Wachturm.** Von ihm konnte man das gesamte Stadtgebiet überblicken. 1518 erhielt der Turm eine von zu dieser Zeit nur drei Uhren in Palermo (der Volksmund gab ihr den Namen *castiddana*). So konnte die Besatzung des Turms immer zur selben Zeit die Nachtruhe verkünden. Mit 52 Glockenschlägen schallte es um 19 Uhr über die Stadt, Handwerker mussten ihre Läden schließen, in den Straßen hatte Ruhe einzukehren.

130 Stufen auf einer teils engen Wendeltreppe mit sehr hohen Tritten sind es zur **Aussichtsplattform** in 35 m Höhe. Das Panoramab ist rundum fantastisch und im Süden ist die mit Majolika bunt belegte Kuppel der Chiesa del Carmine Maggiore (19) ausgezeichnet zu sehen.

★3 [D7] **Torre di San Nicolò all'Albergheria,** Via Nasi Nunzio 18, Tel. 3298765958, geöffnet: Mo/Do 15–18, Di/Sa 10.30–14.30 Uhr, Eintritt: 2,50 € (Circuito del Sacro 1,50 €)

022pa-fk

⊡ *Blick vom Torre di San Nicolò all'Albergheria*

⊡ *Einheimische und Touristen vermischen sich auf dem Ballarò-Markt*

Bänke auf der Straße stehen und das **Nachtleben** angeknipst wird.

Doch hinter der Kulisse des pittoresken Marktgeschehens, der aufgekratzten Stimmung und der lebensfrohen Nachtschwärmer gärt es natürlich auch – wie überall in Großstädten an den Schnittpunkten interkontinentaler Verbindungen. Ballarò scheint mehr als die anderen Stadtteile Palermos ein **Schmelztiegel der Kulturen** zu sein, mit allen positiven und negativen Nebenwirkungen. Migranten aus Afrika und Asien, aus Südost- und Osteuropa treffen aufeinander in einem teils sozial schwierigen, auch von fehlenden finanziellen Mitteln geprägtem Umfeld. Für Touristen ist Ballarò aber im Allgemeinen nicht gefährlich.

17 Chiesa di Santa Chiara ★ [D7]

Für das Klarissenkloster und die der hl. Klara geweihte Kirche suchte man sich im 14. Jh. bereits existierende Fundamente und wurde bei den Puniern fündig.

1678 hinterließ ein Erdbeben das gotische Gotteshaus schwer zerstört und der Wiederaufbau erfolgte im Stil der Zeit. Es entstand eine einschiffige, **den Barock feiernde Kirche** – ein Eindruck, der sich von außen nicht ankündigt. Dort wirkt die schmale Fassade zurückhaltend, fast streng. Das einstige Barockportal (von Paolo Amato) wurde ein Opfer des Zweiten Weltkriegs. Erhalten geblieben ist aber der – trotz Fassadeneinbindung und geringer Höhe – attraktive Glockenturm. Der **Marmoraltar** ist eine wunderbare Arbeit mit polychromen Intarsien und Edelsteinschmuck aus Lapislazuli, Achaten und Amethysten. Über ihm hängen zwei Bilder (1735) von Guglielmo Borremans: die „Einkleidung der hl. Klara mit der Ordenstracht" und „Erbverzicht des hl. Franziskus". Franziskus hatte mit dem Entsagen aller weltlichen Güter Klara tief beeindruckt und letztlich ihren Weg mitbestimmt. Sie wurde die erste Ordensgründerin. Der Orden nannte sich zuerst „Arme Frauen von San Damiano", später Klarissen. Auch die Fundamente der Kirche aus dem 6. Jh. v. Chr. sind zu sehen.

› Piazza Santa Chiara 11, Tel. 3928888953, www.terradamare.org, geöffnet: mit Führung (nur nach Voranmeldung), Eintritt: 2,50 €

MEIN TIPP

Bäckerei mit Pizza

Der Panificio Antico Forno hat keine Sitzplätze, dafür sind die belegten Brötchen ausgezeichnet und die Pizza in Tranchen sehr gut.

4 [D7] **Panificio Antico Forno,** Via Porta di Castro 24, Tel. 091 6513595, Mo–Fr 7–19, Sa 7–14 Uhr

18 Chiesa del Gesù di Casa Professa ★★ [D7]

Der Vizekönig wollte die spanische Herrschaft stärken, suchte die Unterstützung der Kirche und befahl im Jahr 1549 Jesuiten aus der Heimat nach Palermo. Sie errichteten bis 1564 ein einschiffiges Gotteshaus im Stil der Renaissance und erweiterten es bis 1633 mit Seitenschiffen und frühbarocken Elementen zu einem der bedeutendsten Barockgebäude Siziliens.

Von außen wirkt die Kirche fast schlicht. Das mittlere der drei **Portale** krönt eine Madonnenstatue, über den Nebeneingängen zu ihren Seiten sind in den Nischen zwei der Begründer des Jesuitenordens zu sehen: links Ignatius von Loyola, rechts Francisco de Xavier. Über allem (am gebrochenen

Tympanon) befindet sich das Emblem der Gesellschaft Jesu: die Buchstaben „IHS" im angedeuteten Strahlenkranz und drei Kreuznägel. Der **Kirchturm** befindet sich abseits und östlich auf dem Palazzo Marchesi an der Piazza SS. Quaranta Martiri al Casalotto und stammt aus dem 18. Jh.

Der **Innenschmuck** wurde erst 1860 vollendet. Über drei Jahrhunderte haben sich die Jesuiten bei der Ausstattung so richtig ausgetobt. Kein Platz wurde ausgelassen, überall gibt es kostbare Fresken in leuchtenden Farben, Marmorintarsien in Weiß, Gold, Schwarz und Braun und wertvolle, polychrome Stuckarbeiten. Zwei große Orgelemporen dominieren an den Seitenwänden des Chors. Bereits 1793 fand dies der Reisende Carlo Gastone etwas übertrieben: In der Kirche „herrscht rastloser Luxus, alles ist bedeckt mit Marmor, Intarsien, Statuen und endlosen Arabesken, was immense Kosten verursacht haben muss".

Bei einem Bombardement 1943 stürzte die Kuppel ein. Die Restaurierungsarbeiten begannen nach Kriegsende, das verloren gegangene **Deckenfresko** ersetzten Guido Gregorietti und Federico Spoltore (der als Gesellschaftsmaler u. a. Mussolini, Stalin und Einstein porträtierte) in den 1950er-Jahren durch ein modernes Gemälde: Gloria.

Die mit einem Altar (Kruzifix aus dem 17. Jh.) als Kapelle ausgestattete **Sakristei** zeigt sich mit einer fein gearbeiteten und figurenbekrönten Holztäfelung, geschaffen 1621 bis 1634 vom Jesuitenmönch Giovanni Paolo Taurino.

Im **Museumsbereich** mit vier Sälen fällt u. a. ein schweres, zwei Meter hohes Ferculum aus dem frühen 19. Jh. auf, das die Männer bei Prozessionen zu Ehren des hl. Ignaz durch das Viertel trugen. Zu den zwei in den Fels gehauenen Räumen der **Krypta San Calogero** steigt man über eine kurze Treppe hinab. Hier trockneten einst die Körper der Jesuiten zu Mumien. Im vierten Saal des Museums („La Nuza" in der ersten Etage) hängen die Gemälde „Triumph des hl. Ignaz" (1743) von Filippo Randazzo und „Madonna mit Kind" (um 1620) von Anthonis van Dyck. Ein weiteres

024pa-fk

Die spanischen Jesuiten liebten es prächtig

MEIN TIPP

Essen am Marktstand

Am Stand des **Briò Market** (s. S. 92) im Herzen von Ballarò türmen sich die Käselaibe, Hartwürste und frisches Brot und es gibt getrocknete Tomaten und mariniertes Gemüse. Wem hier das Wasser nicht im Mund zusammenläuft, ist selbst schuld. An zwei schmalen Tischen wird gespeist.

Madonnenbild ist ebenfalls flämische Schule und vom Ende des 15. Jh.

Letzte Station ist die **Cappella del Sabato** (auch „Oratorium des Kreuzes und des Martyriums Christi"). Die Jesuiten beauftragten 1693 Procopio Serpotta, den Sohn von Giacomo Serpotta, mit dem Stuck und er schmückte den Betraum fast zurückhaltend mit Allegorien der Tugenden und mit Putten. Das Gewölbefresko („Krönung der Jungfrau Maria", um 1740) soll Filippo Randazzo erstellt haben. Die rechteckigen Freiflächen der Seitenwände schmückten ehemals Gemälde biblischer Heldinnen. Sie wurden nach dem erzwungenen Abzug der Jesuiten aus dem spanisch beherrschten Sizilien 1767 geplündert. Die Bourbonen hatten die Jesuiten fälschlich der Verschwörung beschuldigt. Erst im 19. Jh. durften sie zurückkehren.

Der Majolika-Schmuck von Carmine Maggiore wirkt auch von fern

› Piazza Casa Professa 21, Tel. 091 332213, www.casaprofessa.com, geöffnet: Mo–Fr 9.30–12.30, Sa 9.30–12.30, 15.30–18.30 Uhr, Eintritt: 2 €, mit Museum 5 €

19 Chiesa del Carmine Maggiore ★★ [D7]

Die Kirche im Herzen des Mercato di Ballarò ist so etwas wie die heimliche Gebieterin des Marktes. Ihre wunderschöne, bunte Majolika-Kuppel sieht man allerdings nur bei gebührendem Abstand.

Die Karmeliterkirche Maria Santissima del Carmelo entstand zwischen 1627 und 1667 als Barockbau auf den Gründungen einer Vorgängerkirche des 13. Jh. Um 1700 wurde die **Kuppel** aufgesetzt. Vier von je zwei Säulen flankierte Atlanten tragen sie, die Laternenfenster schmücken Putten und Zierrat.

Der ebenerdige Eingang täuscht. Gleich hinter dem Portal führt eine Treppe hoch zum **dreischiffigen Inneren.** Die Hauptschifffenster und die Kuppellaterne schaffen einen angenehm hellen Betraum. Besonderes Augenmerk verdienen die beiden Chorkapellen der Seitenschiffe. Beide flankieren geschraubte Zwillingssäulen, an denen sich filigrane Stuckfiguren in die Höhe ranken – eine Arbeit von Giacomo Serpotta. Thema der puppenstubenartigen Szenen ist das Leben Jesu und das der Jungfrau Maria. Der rechte Altar trägt ein Kruzifix aus dem 17. Jh., der linke ein mehrteiliges Tafelbild mit „Unserer Lieben Frau vom Berge Karmel" (1492) von Tommaso De Vigilia in der Mitte.

› Piazza Carmine 1, Tel. 3207672134, www.facebook.com/carminemaggiorePA, geöffnet: tgl. 8.30–11.30 Uhr, Eintritt: 2,50 €

Kalsa-Viertel

Wem die Kirchen zu viel geworden sind: In der Kalsa sind es die Palazzi, die von der Vergangenheit erzählen (und als Kunstgalerien von der Gegenwart). Die Hauptachse quer durch die Kalsa von der Piazza Bellini bis hinunter zum Meer bilden Discesa dei Giudici, Via Sant'Anna und Via Alloro. Von ihr aus geht es zu den Besichtigungspunkten und Plätzen links und rechts ab. Die **Galeria d'Arte Moderna (GAM)** 20 ist erste Station. Das mit seinen Serpotta-Putten bestechende **Oratorio di San Lorenzo** 21 befindet sich hinter der Chiesa San Francesco und Richtung Süden geht es vom GAM zum Palazzo Aiutamicristo mit einem imposanten Innenhof und dem kleinen, aber feinen **Museo delle Maioliche** 22. Hinter der Häuserzeile breitet sich die riesige **Piazza Magione** 23 aus. An ihrem Rand ist die dachlose **Chiesa di Santa Maria dello Spasimo** 24 ein wichtiger Ort für Events. Unweit im Süden versprechen der **Orto Botanico** 25 und der anschließende **Park der Villa Giulia** (s. S. 44) Ruhe und Frieden. Zurück an der Via Alloro entführt der **Palazzo Abatellis** 26 mit einer hervorragenden Sammlung in die kunstsinnige Vergangenheit. Gruselig ist es dann im **Palazzo Chiaramonte-Steri** 27, in dem die Inquisition ihren Sitz hatte. Davon erholen kann man sich unter den gigantischen Feigenbäumen im Giardino Garibaldi an der **Piazza Marina** 28. Danach geht es zu einem der wichtigsten Kunstmuseen der Stadt im **Palazzo Butera** 29. Vorbei am **Museo delle Marionette** 30 (Nachmittagsvorstellungen!) endet die Entdeckung der Kalsa im **Palazzo Mirto** 31 mit einem Blick auf die noble Welt Palermos im 19. Jh.

20 Galeria d'Arte Moderna (GAM) ★★ [E6]

Die Galerie mit Werken des 19. und beginnenden 20. Jh. kann auf eine hundertjährige Geschichte zurückblicken. Wer sich für romantische Landschaftsmalerei interessiert, ist hier gut aufgehoben.

Der Politiker **Empedocle Restivo** begründete die Sammlung 1891 und machte sie 1910 der Öffentlichkeit zu-

MEINE TIPPS

Der Leopard im Ballsaal

Im Ballsaal des **Palazzo Valguarnera-Gangi** tanzten Burt Lancaster und Claudia Cardinale zu Walzerklängen in den Untergang sizilianischer Adelsherrlichkeit – und Visconti filmte es („Der Leopard", 1963). Ein Besuch des in Privatbesitz stehenden Komplexes ist möglich, allerdings nur zu einem höchst erstaunlichen Eintrittspreis.

★5 [E6] **Palazzo Valguarnera-Gangi,** Piazza Croce dei Vespri 6, Tel. 091 6162718, palazzogangi@hotmail.com, geöffnet: nach Vereinbarung, Eintritt: 900 € für eine Gruppe mit max. 20 Personen

Noch eine Krypta

Die Chiesa Madonna dell'Itria alla Kalsa ist unscheinbar und verdiente keinen Besuch, gäbe es unter ihr nicht die **zweitgrößte Krypta der Stadt.** Eine Vereinigung von Fuhrleuten hatte sich im 15. Jh. eine Katakombe gebaut, eine Bruderschaft von Kutschern übernahm sie um 1600 und überbaute sie mit einem winzigen Kirchlein. Da die etwa 150 m² große Krypta mehr oder weniger im Urzustand belassen wurde, ist der Gruselfaktor ziemlich hoch.

ii6 [F6] **Chiesa Madonna dell'Itria alla Kalsa,** Via Alloro 131, geöffnet: Sommer tgl. 9–13 Uhr, Eintritt: 3 €

gänglich. Bis zu ihrem Umzug in den Komplex aus Räumlichkeiten des ehemaligen Klosters Sant'Anna und des Palazzo Bonet (1488) im Jahr 2006 musste die Ausstellung mit einem Zwischengeschoss im Teatro Politeama auskommen. Die Galerie ist hervorragend kuratiert und die Exponate zu griffigen **Themenblöcken** zusammengefasst, darunter „Monumentale Historienmalerei des 19. Jh.", „Die Verklärung Garibaldis zum Mythos", „Reichtum mediterraner Landschaften" oder „Arabo-normannisches Palermo". Über drei Etagen sind etwa 180 Bilder und 40 Skulpturen ausgestellt. Das italienische 20. Jh. vertreten Künstler wie Giovanni Boldini, Fausto Pirandello oder Renato Guttuso.

› Via Sant'Anna 21, Tel. 091 8431605, www.gampalermo.it, geöffnet: Di–So 9.30–18.30 Uhr (letzter Einlass 17.30 Uhr), Eintritt: 8 €

21 Oratorio di San Lorenzo ★★ [F6]

Wer die zarten, zu Szenen zusammengestellten Gipsskulpturen von Giacomo Serpotta liebt, muss San Lorenzo besuchen. Leider ist der Caravaggio am Altar nur eine Kopie (das Original verschwand 1969).

Das Gebäude wurde von einer Franziskaner-Gesellschaft reicher Kaufleute 1569 auf den Fundamenten einer San Lorenzo geweihten Kirche errichtet. Wohltätiger Zweck der Società war die Finanzierung würdiger Begräbnisse mittelloser Bürger.

Vom Caravaggio-Bild „La Natività" (1609) ist nach einem Diebeszug 1969 nur der Originalrahmen geblieben (in der Sakristei), doch **Giacomo Serpottas Stuck** (1699–1706) entschädigt voll und ganz und zeigt in den Nischen Szenen aus den Leben des hl. Laurentius und Francesco di Assisis. Dazwischen stehen auf Wandkonsolen Allegorien aus Gips (rechts: Gastfreundschaft, Buße, Beständigkeit, Barmherzigkeit und Glaube; links: Nächstenliebe, Demut, Almosen, Wahrheit und Ruhm). Man sollte die Details betrachten und die filigrane Ausführung bewundern: der nackte, nur notdürftig von einem Schurz bedeckte Hintern einer Putte, der stupide Gesichtsausdruck eines Henkers oder die Teilnahmslosigkeit eines Zuschauers. Auch die **Marmorintarsien** sind Meisterwerke, ebenso das geschnitzte **Tragwerk der Holzbänke** an den Längswänden.

› Via Immacolatella 5, Tel. 091 6077215, www.ilgeniodipalermo.com, geöffnet: tgl. 10–18 Uhr, Eintritt: 3 € (Circuito del Sacro 2 €, jeweils inkl. Oratorio di San Mercurio, s. S. 81)

22 Palazzo Aiutamicristo und Museo delle Maioliche ★★ [F7]

Der Palast ist nicht in bestem Zustand, bei den temporären Kunstausstellungen kontrastieren die nackten Ziegelwände der weiten Hallen in den Obergeschossen aber auf ganz eigenwillige Art mit den Exponaten. Die perfekt gestalteten Schauräume des Kachelmuseums im Nebengebäude sind eine gelungene Ergänzung.

Der von Guglielmo Aiutamicristo beauftragte spätgotische **Palazzo** (1490–1493) wurde häufiger baulich verändert und durchwanderte die Hände mehrerer Besitzer. Im Jahr 1535 war er die bevorzugte Residenz von Kaiser Karl V. Der teilbegrünte Innenhof mit zweistöckigen Loggia und Terrasse kann betreten werden.

› *Kunst im Palazzo Aiutamicristo*

MEIN TIPP

Piazza della Rivoluzione

Vom Palazzo Aiutamicristo 22 auf der Via Garibaldi nach Norden kommt man an die **Piazza della Rivoluzione** [F6/7] mit malerischem Brunnen. Auf bemoostem Felsen hockt ein bärtiger alter Mann mit Krone und säugt eine Schlange. Die mythologische Gestalt des **Genio** stammt wohl noch aus vorrömischer Zeit und war bis 1664 Schutzpatron Palermos. Die Figur aus dem 16. Jh. befand sich ursprünglich am Hafen und kam 1687 auf den Platz. Der **Genius von Palermo** war von jeher ein Symbol der Freiheit und Unabhängigkeit. Als 1848 rund um die Piazza gegen die Bourbonen gerichtete Tumulte stattfanden, sperrte der spanische Stadtkommandant die Figur weg. Und als Garibaldi 1860 die Stadt eingenommen hatte, erhielt der Genius ein neues Fundament, den angestammten Platz und die Piazza Fieravecchia ihren neuen Namen.

Die Piazza della Rivoluzione war früher Schauplatz des **Fieravecchia,** des alten Marktes. Um Streit auszuschließen, ließ der Magistrat am 28. April 1862 alle gängigen Maße in Stein meißeln. Die Platte ist am Eingang zur Via Schiavuzzo rechter Hand an der Hausmauer erhalten. Demnach entspricht ein *rotolo* 790 g und eine *oncia grossa* 70 g. Wer ein *mondello* Mehl wollte, bekam 4,3 l in seinen Sack, ein *quartuccio* Wein war für 900 ml gut und ein *palmo* genau 26 cm lang.

Das **Majolika-Museum** im Piano Nobile (in der ersten Etage) des benachbarten Palazzo Torre Piraino (aus dem beginnenden 17. Jh.) präsentiert in acht Räumen eine einzigartige Sammlung an Kacheln. Die Industrialisierung der Fliesenproduktion im 19. Jh. führte zur Schließung der meisten Manufakturbetriebe und die rührige Associazione Culturale Stanze al Genio bewahrt seit 2008 das kulturelle Erbe. Um die ganze Bandbreite der Majolika-Produktion, -Ornamentik und -Symbolik zu verstehen, einen Einblick in ihre Geschichte zu bekommen und die

026pa-fk

einzelnen Einflüsse der Kulturen besonders auch aus dem arabischen und nordafrikanischen Raum zu würdigen, gehört eine Führung mit den engagierten Museumsmachern zum Pflichtprogramm.

› **Palazzo Aiutamicristo,** Via G. Garibaldi 23, Tel. 091 6161894, www.palazzo ajutamicristo.it, Innenhof frei zugänglich, ansonsten geöffnet bei Veranstaltungen und Ausstellungen

› **Museo delle Maioliche,** Via G. Garibaldi 11, Tel. 3803673773, www.stanzeal genio.it, geöffnet: Führungen auf Englisch Di–So 10/15 Uhr, Führungen auf Italienisch Di–So 10/11/16 Uhr, Dauer jeweils 45 Min., Eintritt: 9 €

23 Piazza Magione ★ [F6]

150 auf 150 m misst der Platz und wer sich fragt, wie eine so große innerstädtische Freifläche ohne Bäume und ohne irgendeine Nutzung zustande kommt: Es waren Bomben des Zweiten Weltkriegs, die bis auf das Kloster Santa Maria della Sapienza in der Mitte ein ganzes Quartier wegradierten.

Das Trümmerfeld wurde in den 1960er-Jahren freigeräumt, man beließ allerdings einige Fundamentstreifen. Seitdem ist auf dem Platz nicht allzu viel passiert, die umstehenden Häuser haben allerdings große Terrassenflächen gewonnen. **Restaurants und Bars** nutzen sie ausgiebig und an Wochenenden ist nachts richtig was los.

An der Nordostseite steht das säkularisierte Kirchlein **Chiesa Santi Euno e Giuliano** (1651–1658) mit einer schönen Barockkrypta, die in ihren Maßen die Grundfläche der Kapelle übertrifft und ab und an Schauplatz von Kunstausstellungen abseits des Mainstreams ist. Die Kirche gehörte der Bruderschaft der Sänftenbauer *(confraternità dei seggettieri)*, verfiel und wurde 2006 bis 2017 renoviert. An der Südwestseite erinnert im Schatten eines Baumes ein **Steinquader** daran, dass Giovanni Falcone, der 1992 ermordete Mafiajäger, am 20. Mai 1939 hier am Platz geboren wurde (dem Haus Via Castrofilippo 4 gegenüber). Die Backsteinapsis im Südwesten, an der Ecke zur Via Magione, gehört zur mehrfach überformten **Chiesa Santissima Trinità della Magione,** deren Ursprung im auslaufenden 12. Jh. liegt. Die **Mönchsstatue** an der Nordwestecke des Platzes stellt Pater Pio (1887–1968) dar, in Sizilien eine äußerst populäre Figur. Papst Johannes Paul II. sprach den nicht unumstrittenen Priester 2002 heilig.

24 Chiesa di Santa Maria dello Spasimo ★ [G6]

Einer der raren gotischen Neubauten hatte als Kirche nur ein kurzes Gastspiel. 1509 begannen die Arbeiten und 1569 gaben die Mönche das Gotteshaus und das nie fertiggewordene Kloster auf. Heute finden hier Veranstaltungen statt.

Der Auszug der **Olivetaner** 1569 hatte zwei Gründe: Der Magistrat benötigte die Klostergebäude zur Einbindung in die Stadtverteidigung und die Mauern waren feucht (und die Brüder ständig krank) – sinnigerweise wurde das Kloster später zum Hospital. Leider entgeht dem heutigen Besucher durch den Auszug der Mönche ein exquisites Kunstwerk: Raffael hatte für den Altar die „Kreuztragung Christi“ (1514–1517) gemalt. Das Gemälde zog mit den Mönchen um, gelangte aber 1661 unter Mitwirkung des korrupten Abtes in die Hände der spanischen Krone und nach Madrid.

028pa-fk

Dachlos wachsen heute **Wandskelette** aus dem Pflaster, woraus man auch einen Vorteil ziehen kann: Selten sieht man die architektonische Schönheit **gotischer Bögen** so ungestört. Und auch die Natur hat Freude: Ein Baum streckt seine Äste im Gemäuer in den Himmel. Das Innere von „Lo Spasimo" dient heute als **Freilichtbühne** und **Jazz Venue.** Der kleine Park südlich des Langhauses ist eine versteckte Oase der Ruhe.

› Via dello Spasimo 10, Tel. 091 7408861, geöffnet: Di–So 9.30–18 Uhr, Eintritt: frei (ansonsten veranstaltungsabhängig)

25 Orto Botanico ★★ [G7]

200 Jahre alt sind die klassizistischen Gebäude des Botanischen Gartens an der Via Lincoln. Hinter ihnen erstrecken sich heute auf 100.000 m² Pflanzen aus aller Herren Länder, darunter die gigantischen Feigenbäume Ficus macrophylla.

Pause: Nachdenken und -sinnen im Botanischen Garten

Im Jahr 1779 herrschte auch auf Sizilien Aufbruchstimmung, im Sog der Aufklärung gründete sich die **Königliche Akademie** Palermos (die heutige Universität). Dem 1781 geschaffenen Lehrstuhl für Naturgeschichte und Botanik wies sie für einen **Lehr- und Studiengarten mit Heilpflanzen** Land zu, das sich aber als zu klein erwies. Neben dem öffentlichen Park der Villa Giulia wurde man schließlich fündig. 1789 begannen die Planzungen auf 12.000 m² und der Bau der Gebäude. Im Dezember 1795 nahm der Garten seine Arbeit auf und wurde über die Zeit erweitert.

Das einem antiken Tempel ähnelnde **Gymnasium** mit wuchtigen Eingangssäulen und flankierenden Sphingen auf der einen und dem säulengetragenen Portikus auf der anderen Seite war Sitz der Schola Regia Botanices, der botanischen Lehranstalt, mit der Wohnung des Direktors, Bibliothek und Hörsaal. Die beiden Pavillons zu Seiten des Gymnasiums – **Tepidarium** und **Frigidarium** – dienten der Überwinterung empfindlicher Pflanzen und als Personalwohnungen, im südwestlichen (rechten) ist heute der Eingangsbereich.

MEINE TIPPS

Ein Park für alle

Der Park der Villa Giulia entstand 1778 als **öffentlicher Barockpark** und trägt den Namen der Frau des damaligen Vizegouverneurs. Die Bepflanzung (heute mit hohen Palmen und teils noch exotischen Bäumen) profitierte von der Nähe zum Botanischen Garten. Die kreisrunde Mitte mit **Sonnenuhr** rahmen vier **antikisierende Exedren** (1872), vor Sonne schützende Halbschalen für einen gelehrten Plausch unter Bürgern, für Lesungen oder andere Lustbarkeiten.

Am äußersten Ende und zum Orto Botanico hin wacht ein weiterer **Genio** als Brunnenfigur über die Stadt (1778). Neben der Schlange an der Brust zeigt das barocke Ensemble einen Adler (Symbol Palermos), einen Hund (Loyalität) und ein Rutenbündel mit Beil (Macht). Den ehemaligen (heute geschlossenen) Haupteingang am Foro Italico markiert ein Torbau mit dorischen Säulen und zwei flankierenden Löwen.

●7 [H6] **Park Villa Giulia**, Via Lincoln, geöffnet: 8–18/19/20 Uhr

Die Brücke des Admirals

1 km Fußweg vom Botanischen Garten 25 steht in einem kleinen Park am Corso dei Mille [cj] die **Ponte dell'Ammiraglio,** die des Königs Admiral Georg von Antiochien mit zwölf Bögen über einem Nebenarm des Flüsschens Oreto 1132 errichten ließ. Heute hat das normannische Bauwerk keine Funktion mehr (der Flussarm wurde 1938 umgeleitet), gehört aber zum UNESCO-Weltkulturerbe. Am 27. Mai 1860 hatten Garibaldis Freischärler von Süden kommend hier den Übergang erzwungen und so den Aufstand von Palermo ausgelöst.

027pa-fk

Farbenprächtige Blumenbeete und Blütenspaliere sollte man nicht erwarten. Der Garten diente und dient der **Forschung**, nicht der Erholung übersättigter Städter. Doch an heißen Tagen ist es vielleicht der einzige Ort in Palermo, der mit der natürlichen Klimaanlage dichter Baumkronen angenehme Nachmittage erlaubt. Direkt hinter dem Gymnasium zeigt sich das ursprüngliche Herzstück des Parks mit einer strengen Anlage, die hohe Bäume etwas mildern. An der Hauptachse vom Gymnasium zu den Wasserpflanzen im **Aquarium** (1798, an einem Bambushain) wächst linker Hand der gewaltige, 1845 gepflanzte **Feigenbaum** vom australischen Kontinent. Auf halbem Weg zum Wasserbecken geht es rechts ab zum **Gewächshaus** von 1823. Beim Aquarium wachsen **Papyrusstauden** am Ufer eines kleinen Sees und dahinter die pittoresken **Drachenbäume** von den Kanarischen Inseln. Der **Garten der Heilpflanzen** befindet sich an der nordwestlichen Ecke des Parks.

› Via Lincoln 2, Tel. 091 23891236, www.ortobotanico.unipa.it, geöffnet: Mai–Aug. tgl. 9–20, April/Sept. tgl. 9–19, März/Okt. tgl. 9–18, Nov.–Febr. tgl. 9–17 Uhr, So immer ab 10 Uhr, Eintritt: 6 €

26 Palazzo Abatellis ★★★ [G6]

Die Regionalgalerie stellt im Abatellis-Palast die bedeutendste Kunstsammlung der Insel aus. Sie reicht vom Mittelalter bis zur Neuzeit und nebenbei entdeckt man auch noch einen der schönsten Paläste zwischen Spätgotik und Frührenaissance.

Auf schlanken Säulen ruhen die Arkaden um den Innenhof, die Gewände der Fenster mit ihren zierlichen Steinmetzarbeiten wirken zurückhaltend edel. **Francesco Abatellis,** Hafenmeister und hoher Hofbeamter (Seneschall), ließ sich 1490 bis 1495 von Matteo Carnilivari den Komplex im Stil der **katalanischen Spätgotik** errichten. Kinderlos geblieben, vermachte er seinen Besitz der Kirche. 1526 zogen **Dominikanerinnen** ein und nahmen Anbauten vor. Sie nutzten ihr Kloster bis zur nächtlichen Bombardierung am 16. April 1943. 1954 waren die Kriegsschäden beseitigt und das **Museum** konnte öffnen.

Auf dem wandfüllenden Großfresko „Triumph des Todes" aus dem 15. Jh. reitet der Tod in wildem Galopp über die Leiber von Fürsten und Bürgern, von Päpsten und Priestern, von Reichen und Armen, von Siechen und Gesunden und trifft mit seinen Pfeilen einen jeden. Zu den wertvollsten Exponaten gehören die „Verkündungsmadonna" (um 1475) von Antonello da Messina, die „Milchmadonna" (um 1470) von Domenico Gagini und mehrere Werke seines Sohnes Antonello, darunter der „Erzengel Michael", ein „Jünglingskopf" (beide um 1490) und die „Madonna mit Kind, umgeben von Engelsköpfen" (um 1493). Ebenfalls sehenswert: „Abraham bewirtet die Drei Engel" (um 1480) von Tommaso de Vigilia und die (für ihr Grab bestimmte) Büste von Eleonore von Aragon (1468) aus der Hand des Kroaten Francesco Laurana, der ihre Gesichtszüge der stilistischen Wirkung wegen stark idealisierte.

› Via Alloro 4, Tel. 091 6230011, www.regione.sicilia.it/beniculturali/palazzoabatellis, geöffnet: Di–Sa 9–19, So 9–13.30 Uhr, Eintritt: 8 €

› 3-Tage-Tickets für Palazzo Abatellis 26, Palazzo Mirto 31 und Museo Oratorio dei Bianchi (s. S. 76) für 10 € oder Palazzo Abatellis und **eine** der folgenden Sehenswürdigkeiten: Castello della Zisa 46, San Giovanni degli Eremiti 14 oder Kreuzgang in Monreale (s. S. 70) für 10,50 €

› 5-Tage-Kombiticket für Abatellis, Zisa, Eremiti und Kreuzgang in Monreale kostet 24 €

27 Palazzo Chiaramonte-Steri ★★★ [G5]

In Abgründe tauchen Besucher des Palastmuseums ein. Was das Tribunal der Heiligen Inquisition alles verbrach, kann nicht mehr nachvollzogen werden: Nach ihrer Aufhebung auf Sizilien im Jahr 1782 vernichteten Richter und Schergen alle Beweise, verbrannten die Akten und zerstörten die Folterwerkzeuge. Nur Inschriften und Zeichnungen an den Zellwänden berichten noch von Elend und Schmerz.

Seine Anfänge nahm der Komplex, als **Manfredi I. Chiaramonte,** Graf von Mòdica und Großadmiral des Königs, den Grundstein legte (1307). Fertig wurde der Palast aber erst 1390 unter seinem Enkel. Die Familie war mit den Normannen nach Sizilien gekom-

Imposant: die gewaltigen alten Feigenbäume im Orto Botanico

men und gehörte zu den reichsten der Insel. Entsprechend elegant und wegweisend geriet das Werk – es lieh einem ganzen Baustil den Namen. Der **Chiaramontestil** zitiert noch normannisch-arabische Elemente (wie die mit Zickzackmuster verzierten Fensterleibungen der Biforen und Triforen, der mit Säulen zwei- und dreigeteilten Fenster), geht aber auch schon Richtung Gotik (und Spitzbogen). Die festungsartigen Außenmauern ohne Fenster im unteren Bereich umschließen ein kleines Wohnviertel mit Gassen, Plätzen, Nebengebäuden und eleganten Innenhöfen. Schützen konnte der wehrhafte Bau das Geschlecht dann aber doch nicht. Der Henker schlug Andrea Chiaramonte am 1. Juni 1392 wegen Hochverrats vor der Residenz das Haupt ab – zwei Jahre nach Fertigstellung des Palastes. Die Familie erholte sich davon nie. Nach den Grafen übernahmen die Aragonesen den Palast als Residenz, 1598 zog der königliche Gerichtshof ein, 1601 das Inquisitionsgericht und in den Jahren von 1800 bis 1958 kamen Büros der Justizverwaltung und des Zolls in ihm unter. Heute dient „Lo Steri" – die Festung – der Universität als Rektorat.

Einer der Höfe des Palazzo Chiaramonte-Steri

Die in jahrelanger, mühsamer konservatorischer Arbeit renovierte **Holzdecke** (1380) des Hauptsaals, der **Sala Magna dei Baroni**, ist ein absolutes Highlight in der Stadt. Sie erzählt die Geschichte des Mittelalters, eine mit Intarsien verzierte, chronologisch geordnete Enzyklopädie in bunten Farben von Cecco di Naro, Simone da Corleone und Pellegrino Darena, die drei Jahre daran arbeiteten. Im Saal ist als Kontrastprogramm das Gemälde „Vucciria" (1974) von **Renato Guttuso** aufgestellt – seine berühmteste Arbeit. Direkt unter der linken oberen Glühlampe hat er sich selbst verewigt.

Im Flügel der **Sala Terrana** (auch Sala delle Armi) ließ die **Inquisition** auf drei Etagen **Zellen** einbauen. Zwei anonyme Anzeigen genügten und man verschwand in ihnen. Der Verleumdung waren Tür und Tor geöffnet, die Folterknechte des Sant'Uffizio hatten gut zu tun. Die Inschriften und Malereien sind teils Glaubensbekenntnisse, teils Aufschreie, teils in Lateinisch, teils in Italienisch, ab und an auch in einem altertümlichen Englisch. Und natürlich unterschied die Inquisition zwischen Arm und Reich: Die Graffiti der Zellen im unteren Geschoss sind rot, die des Obergeschosses schwarz. Die Mittellosen hatten ungeheizte Räume und mussten von den Terrakotta-Böden roten Staub kratzen und mit Wasser eine Tinte herstellen. Die Vermögenderen besaßen Kohlepfannen und konnten sich schwarze Farbe mischen.

› Piazza Marina 59, Tel. 091 23893788, www.musei.unipa.it/steri.html, Besuch nur mit Führung (zu wechselnden Zeiten auch auf Englisch), geöffnet: Di–So 10–19 Uhr (letzter Einlass 18 Uhr), Eintritt: 8 €

28 Piazza Marina und Giardino Garibaldi ★ [F5]

Auf dem Corso Vittorio Emanuele kommt man kurz vor dem Hafen bei der Fontana del Garaffo an die Piazza Marina mit mehreren Terrassenlokalen. Den Löwenanteil des Platzes nimmt der Giardino Garibaldi ein. Um ihn herum verkaufen Händler jedes Wochenende Gebrauchtes.

Im Mittelalter war das ganze Areal ein Hafen und Stadt trennendes Morastgebiet. Im 14. Jh. legte man es trocken, um u. a. das Sumpffieber zu bekämpfen. Später nutzte die Inquisition die gewonnene Freifläche gerne für die Verbrennung der im nahen Palazzo Chiaramonte-Steri 27 abgeurteilten Ketzer. Die **Parkanlage** in der Mitte des Platzes (auch Villa Garibaldi genannt) legte Giovan Battista Filippo Basile (der Architekt des Teatro Massimo 38) 1861 bis 1864 zu Ehren des Befreiers Italiens an. Die verspielte guss- und schmiedeeiserne Einfriedung und der Kiosk im Liberty-Stil (Jugendstil) gehen ebenfalls auf Basile zurück. Der Zaun entging 1942 anlässlich der Kriegsaktion „Eisen fürs Vaterland" nur knapp einer Einschmelzung. Die gewaltigen australischen **Feigenbäume** (Ficus macrophylla) sind über 150 Jahre alt und ein beliebtes Fotomotiv für Selfies. Der größte Baum, 30 m hoch, hat einen Stammumfang von 21 m und eine 50 m breite Krone.

Die barocke **Fontana del Garaffo** stand ursprünglich in der Vucciria 37 und kam 1862 auf die Piazza. 1698 hatte sie Gioacchino Vitagliano aus Marmor gehauen: Eine Allegorie des Überflusses (mit Getreidebündel und Fisch) steht auf einem Adler, der wiederum die vielköpfige Hydra überwindet. Unter ihnen tragen Delfine Wasserschalen.

An der Nordostecke der Piazza sieht man am Hafen die Chiesa Santa Maria della Catena 33, die bereits zum Loggia-Viertel gehört.

› Villa Garibaldi, Piazza Marina, geöffnet: Sommer 7–20, Winter 7.30–18 Uhr, Eintritt: frei

29 Palazzo Butera ★★★ [G5]

Bereits 1773 fand Goethe bei seinem Aufenthalt in Palermo das Leben im Palast mit der schönen Terrassenanlage an der Uferpromenade sehr angenehm. Bis zur Belle Époque mit ihren Partys und Empfängen blieb er ein Mittelpunkt gesellschaftlichen Lebens (mit Gästen wie Kaiser Wilhelm II.).

KURZ & KNAPP

Polizistenmord

Joe Petrosino war ein italienisch-stämmiger US-Amerikaner und einer der wichtigsten Bekämpfer des organisierten Verbrechens in den USA (besonders unter italienischen Einwanderergruppen). Als Leiter der Eliteabteilung „Italian Squad" der New Yorker Polizei reiste er für Hintergrundermittlungen nach Palermo. Der Pate Vito Cascio Ferro ließ ihn im Giardino Garibaldi erschießen – am 12. März 1909.

MEIN TIPP

Meerblick mit Palazzo

So ganz klein ist die Pause dann vielleicht doch nicht. Man kann es zwar bei einem Aperitif im **Le Cattive** (s. S. 88) im Komplex des Palazzo Butera belassen – das wäre aber schade.

Danach geriet das ab 1701 errichtete Gebäude in Vergessenheit. Nur durch Zufall entdeckte man 1950 in einer verbarrikadierten Stallung die Prunkkarosse von Salvatore Branciforti (1730–1799) – sie steht heute im Palazzo Reale 12. In den Folgejahren nutzten Büros und eine Schule den Palast, die Bausubstanz verfiel nach und nach. Erst 2015 schenkte das Galeristen-Ehepaar **Francesca und Massimo Valsecchi** ihm neues Leben: Sie sanierten den Bau, um darin ein **Kunstmuseum** zu eröffnen. Das Geld dafür und für ihre superbe Kunstsammlung hatten sie mit Börsengeschäften gemacht.

Wie ein Riegel steht der Palazzo Butera zwischen Viertel und Wasser, lange Jahre ein Wellenbrecher, der der Kalsa den Zugang zum Meer verwehrte. Auch die einzigartige **Palastterrasse** zum Golfo di Palermo hin war gesperrt. Heute ist sie vom Ufer aus wieder offen und dient als Zugang zu Kunst und Stadt. Auf 9000 m^2 zeigt sich die Ausstellung in den Hallen, in Bibliothek und Stallungen, in Gesinderäumen und in der Beletage.

Die Renovierung und Sanierung des Gebäudes wird wohl nie abgeschlossen, zu präsent ist die Vergangenheit, die die neuen Eigner bewahren wollen: Die **Wurzel eines Jacaranda** auf der Suche nach Wasser im Fundament? Ein Albtraum für jeden Hausbesitzer! Die Valsecchi entschieden anders und ließen die Wurzel im (mit bunter Majolika gefliesten) Abwasserkanal über ein Dutzend Meter freilegen und mit Plexiglas abdecken: Es geht darum, Geschichte und Geschichten sichtbar zu machen. Und das Gebäude hilft mit seinen Geheimnissen. In ihm gefundene, als drittklassig erachtete Bilder entpuppten sich als elf Gemälde feinster Kunst von Gaspare Vizzini, datiert auf 1782, die ironische Betrachtungen gesellschaftlichen Palastlebens darstellen. Die Schränke des schnöden Aktenraums erwiesen sich nach Farbabtragung als klassizistische Bibliotheksregale in pompejanischem

084pa-fk

Sizilianische Stadtansichten im Palazzo Butera

Rot. Altes und Neues sollen sich gegenseitig befruchten und so dient der perfekt wiederhergestellte „Gotische Saal" des 18. Jh. als Vorder- und Hintergrund für einen in Nepal gewebten modernen Teppich und bunte Spiegel von Anne und Patrick Poirier (beide *1942). Und schließlich – nach dem Betrachten von Werken so illustrer Künstler wie Andy Warhol, Gilbert & George und Gerhard Richter – ist der Blick vom **Observatorium** auf dem Dach in die Runde, über Stadt, Hafen und Meer, ein würdiger Abschluss.

Alle drei Jahre wechselt die **Ausstellung** (auch ein Museum lebt von der Veränderung) und so steht man im Austausch mit der ersten Garde der Sammlungen in der Welt, leiht, und nimmt Leihgaben entgegen.

› Via Butera 18, Tel. 091 7521754, www.palazzobutera.it, geöffnet: tgl. 10–20 Uhr, Eintritt: 7,50 €

30 Museo und Teatro delle Marionette ★ [G5]

Klirrende Schwerter und röchelnder Tod, hehre Knaben und zarte Maiden, Schurken und Ritter, Legenden und Tatsachen – Sizilianer lieben Theater, egal ob auf der Bühne Menschen aus Fleisch und Blut oder von Schnüren und Stangen geführte Puppen leben, lieben und sterben.

Antonio Pasqualino, Chirurg und Wahrer von Volksbräuchen, und dem von ihm 1975 gegründeten **Museo Internazionale delle Marionette** ist es zu danken, dass das Puppentheater nicht in Vergessenheit geraten ist und heute sogar eine kleine Renaissance erfährt. Die Marionettenbühnen Siziliens begannen in der ersten Hälfte des 19. Jh. und ersetzten Straßensänger.

035pa-fk

Ritter, Räuber, Rangeleien – in der „Garderobe der Schauspieler"

Der **Kampf des Ritters Orlando** gegen die Sarazenen im 8. Jh. war (und ist) das Hauptthema, das auch in Deutschland im „Rolandslied" Verbreitung gefunden hat. Drum herum rankt sich allerlei Beiwerk, wie die schöne Angelica (eine chinesische Prinzessin), Intrigen und blutige Gemetzel. Den Bauern auf dem Land und den Tagelöhnern in den Städten gefiel das Fluchen und Prügeln. In erster Linie war es eben ein Theater für Erwachsene. Und die Variationen waren endlos. Das „Rolandslied" (um 1100) ist 4000 Verse lang, das Epos „Rasender Roland" (von 1516) besteht gar aus 46.000 Versen – an diese Materialfülle kommt keine *soap opera* heran. Und die Puppenspieler nutzen ihre Quellen weidlich aus, fügen Eigenes hinzu, lassen weg und schaffen völlig Neues.

Das kleine **Museum** (auf dem Weg hoch zur Bühne) zeigt einen Ausschnitt des Fundus aus 5000 Stücken, darunter die größte Sammlung sizilianischer und neapolitanischer Marionetten und Puppen aus Indonesien, Sri Lanka, Kambodscha und Korea.

› Piazza Antonio Pasqualino 5, Tel. 091 328060, www.museodellemarionette.it, geöffnet: So/Mo 10–14, Di–Sa 10–18 Uhr, Theateraufführungen (ca. 30 Min.) Mo 11, Di–Sa 17 Uhr, Eintritt Museum: 5 €, Kind 3 €, Eintritt Theater: 5 €

31 Palazzo Mirto ★★ [F6]

Das Stadtpalais des Fürstengeschlechts Mirto lässt das feine Leben der Aristokratie im Palermo des 19. Jh. auferstehen. Die 38 Säle sind mit exquisiten Antiquitäten und wertvollen Gemälden des 17. bis 19. Jh. ausgestattet. 1982 schenkte die Familie den Palast dem Staat.

Seinen Ursprung hat das Gebäude im 13. Jh., als die mit den Normannen nach Sizilien gekommene Familie noch Filangeri hieß. Den Fürstentitel erhielt sie 1643. 1793 ließ die Familie den Palast den Erfordernissen und dem Geschmack der Zeit anpassen. Weitere Veränderungen erfolgten im 19. Jh. **Lüster aus Murano-Glas, Chinoiserien** und **Tapisserien** (im Salone degli Arazzi), **Lederboden** (im Raucherzimmer) und herrliche **Fresken** (wie im Salone del Baldacchino) künden vom Geschmack (und Reichtum) der Filangeri.

Um 1830 gaben die Bewohner die Beletage auf und zogen in die zweite Etage. Die erste Etage diente ab da nur noch Empfängen. Den absoluten Prunkflügel bildet die Zimmerflucht aus den flankierenden Salone degli Arazzi und Salotto Pompadour und dem zentralen Salone del Baldacchino mit dem Hauptfresko „Die Arbeit des Herkules“. Namensgebend ist der Thronbaldachin mit dem gewirkten Bild der Eroberung des Sogdischen Felsens durch Alexander den Großen, dem damit auch die schöne Roxane in die Hände fiel (ihre Anmut animierte ihn zur sofortigen Heirat). Aus dem Baldachin-Salon tritt man hinaus ins **Atrium** mit dem barocken Wandbrunnen aus Steinen, Muscheln und Spiegeln. Zarte Malereien an den Wänden schaffen eine Naturillusion in Anlehnung an einen *hortus conclusus* – einen geheimen Garten.

› Via Merlo 2, Tel. 091 6164751, www.facebook.com/museoregionale, geöffnet: Di–Sa 9–18, So 9–13 Uhr, Eintritt: 6 €

Das Atrium im Palazzo Mirto

Loggia-Viertel

Das Viertel zwischen dem alten Hafen, den Quattro Canti 1 und Teatro Massimo 38 entzieht sich dem Tourismus, wäre da nicht die **Vucciria** 37, die wilde Ecke des Nachtlebens von Palermo an der Kreuzung von Via Roma und Corso Vittorio Emanuele. Unten am Hafen wartet aber erst einmal die **Chiesa Santa Maria della Catena** 33. Westlich von ihr markiert die **Porta Felice** 32 den Beginn des **Foro Italico** 32, einer breiten und langen Grünanlage entlang des Golfo di Palermo, die sich nach Süden zieht. Dann schlägt man sich durch die Wohnstraßen nach Norden zur unübersehbaren Chiesa di San Domenico (s. S. 78) an der Via Roma durch. An ihrer Rückseite haben das **Oratorio del SS. Rosario in San Domenico** 34 Meister der Ausstattung geschmückt, darunter natürlich Serpotta. Wer ihn mag, wird auch das Bruderoratorium **Oratorio di Santa Cita** 35 gleich nördlich lieben – er hat es mehr oder weniger allein bearbeitet. Schließlich sollte man sich ausreichend Zeit nehmen für das **Museo Archeologico Salinas** 36. Noch ist es im Aufbau, doch was bislang geleistet wurde, ist weit mehr als acht- und beachtbar.

32 Porta Felice und Foro Italico ★ [G5]

Der Corso endet am Meer zwischen zwei repräsentativen Pfeilerbauten, mit denen der spanische Vizekönig 1582 Mariano Smiriglio beauftragte und die er nach seiner Frau benannte.

Erst 1642 waren die beiden Türme der **Porta Felice** fertig. Sie besaßen nie eine Bedachung für die Durchfahrt, wohl um den hohen Prozessionswagen für die Feiern am Tag der

Meine Tipps

Der reine Saft

An der Hauptstraße (und bereits am Hafen an der Cala und damit im Stadtteil Loggia) gibt es frisch gepresste Säfte aus allen erdenklichen Früchten: erfrischend und gesund.

8 [F5] **Al Chiosco della Frutta,** Via Cala 20, geöffnet: 10–1 Uhr

… by the sea, by the beautiful sea

Beim kleinen Sand-/Kiesstrand des Hafens (unter dem Nautoscopio, einer Kunstinstallation von 2009) mixt die Nauto-Bar Drinks und an einem Stand gibt es Street- und Fingerfood. Gesessen wird auf Paletten, gegessen von Kabeltrommeln und Baden ist verboten (aber Sizilianer lieben und leben nun mal ihre Freiheit).

9 [G4] **Nauto-Bar**, Foro Italico Umberto I 1, Juni–Sept. 9–2 Uhr

Der Foro Italico ist beliebter Treffpunkt für ein Schwätzchen

030pa-fk

Stadtheiligen Rosaria nicht zu behindern. Der späten Vollendung ist es zu verdanken, dass das Tor auf der Seeseite sein **barockes Äußeres** erhielt, u.a. mit zwei Adlern, dem Wappentier Palermos, und den beiden Heiligen Santa Cristina (Albergheria-Viertel) und Santa Ninfa (Capo-Viertel) in von Säulen flankierten Nischen. Die Fassade der Stadtseite ist noch stark der **Renaissance** verpflichtet. Die Wohnungen in den beiden Türmen waren ehemals verdienten Stadtbeamten zugewiesen. Die Maße der Porta Felice: 92 *palme* hoch, 54 *palme* tief, 32 *palme* Durchfahrtsbreite (eine Maßtafel an der Piazza della Rivoluzione hilft bei der Umrechnung, s.S.41).

Auf die zur Stadt hin liegende Piazza Santo Spirito wurde 1864 die **Fontana del Cavallo Marino** gestellt, zuvor sorgte sie im Innenhof des Palazzo Aiutamicristo (22) mit Wasserspiel für Kühlung. Die Marmorarbeit von 1792 stammt von Ignazio Marabitti und die Hauptfigur ist zur Hälfte Pferd, zur Hälfte Fisch.

Der 40.000 m² große **Foro Italico**, der autofreie Lungomare Palermos, reicht vom alten Hafen bis zum Park der Villa Giulia (s.S.44). Gegen Abend und an Wochenenden ist er gut besucht und in der „Morgenkühle" geben sich Jogger ein Stelldichein. Den Foro gibt es erst seit dem Jahr 2000. Bis zum Zweiten Weltkrieg war die Uferpromenade die heutige Uferstraße (der ursprüngliche Foro Italico). Nach dem Krieg kippte man reichlich vorhandenen Schutt ins Meer und gewann bis zu 150 m Neuland. Es wurde als Roma-Lager genutzt, als Festplatz und Messegelände. Zur Jahrtausendwende wertete man den Foro dann auf.

031pa-fk

(33) Chiesa Santa Maria della Catena ★★ [F5]

Die Kirche hat ihren Namen von einer schweren Eisenkette, die zwischen ihr und dem Castello al Mare nachts vor die Hafeneinfahrt gezogen jede Schiffsbewegung unterband. Doch eine Legende besagt auch, dass Gefangene zur Maria del Porto beteten, sie möge sie doch von ihren Ketten befreien. Das Wunder geschah und die Bewohner des Hafenviertels sammelten für ein größeres Gotteshaus.

Mit dem Bau begann Matteo Carnilivari 1490 und er entwarf eine wunderschöne Kirche mit einem seitlich offenen, dreibogigen Portikus, einer eleganten Attika und zwei angedeuteten Türmen – beste Frührenaissance. Eher gotisch hingegen zeigt sich das strenge, **dreischiffige Innere** mit schlanken Untersäulen, zwei Reihen Spitzbogenfenstern und den Kreuzrippengewölben. Besonders typisch für die **katalanische Gotik** sind die tief heruntergezogenen Tragbögen des Hauptschiffs mit dazu quer lau-

Die „Kettenkirche" (33) befindet sich am Hafen

MEINE TIPPS

Wahlverwandtschaft

Giovanni Falcone und Paolo Borsellino waren Brüder im Geiste bei der Jagd auf die Mafia. Die der figürlichen Darstellung verschriebenen Graffiteros Rosk&Loste haben beide nach einem Foto von Tony Gentile an einer Giebelwand am Hafen (ein Häuserblock von der Kettenkirche 33) verewigt.

•10 [G5] **Graffito Giovanni e Paolo,** Vicolo delle Mura della Lupa

Eine Festung am Meer

Auf der gegenüberliegenden Seite des Hafenbeckens La Cala – hinter dem Mastenvorhang aus eleganten Jachten und einfachen Fischerbooten – erstreckt sich das Castello al Mare, die **Hafenfestung** Palermos, die über die Jahrhunderte immer wieder verstärkt und erweitert wurde. 1860 stand Garibaldi vor den Toren und die Festung war der letzte Rückzugsort der Soldaten des Bourbonen-Königs beider Sizilien, Francesco II. Nach deren Kapitulation zerstörten die *Palermitani* Teile der Festung. Bis 1922 nutzte man das Gebäude noch als Kaserne. Heute ist die große Anlage mit ihren vorgeschobenen Wällen und Bastionen gut zu erkennen.

★11 [E4] **Castello al Mare,** Via Filippo Patti 25, Tel. 091 6116807, geöffnet: Di–Sa 9.30–18.30, So 9.30–13 Uhr (Kassenschluss eine Stunde vor Ende), Eintritt: 2 €

fenden Spitzbögen. Der älteste Sarkophag stammt aus dem 2. Jh. Im Mittelalter wurde er „recycelt" und Lucca Palici, die Ehefrau von Giovanni I. Chiaramonte, fand in ihm ihre letzte Ruhe. Im rechten Schiff ist die erste Kapelle Santa Brigida geweiht (Birgitta von Schweden, 1303–1373): Das Bild aus dem 17. Jh. zeigt ihre Glorie, die Fresken zu ihrem Leben hat Olivio Sozzi im 18. Jh. ausgeführt.

› Piazzetta delle Dogane 1, geöffnet: Mo–Sa 10–18, So 14–18 Uhr, Eintritt: 2,50 € (Circuito del Sacro 1,50 €)

34 Oratorio del SS. Rosario in San Domenico ★★ [E5]

An der Rückseite des Klosterkomplexes von San Domenico fällt die schmale Fassade in der engen Gasse kaum auf. Dennoch birgt das Bethaus einige bedeutende Kunstgegenstände.

Das **einschiffige Kirchlein** gab die Bruderschaft Confraternità Maria SS. del Rosario im Jahr 1574 beim Baumeister Giuseppe Giacalone in Auftrag und bei Fertigstellung muss der Betsaal noch recht schmucklos gewesen sein. Auf alle Fälle bestellte die Bruderschaft 1624 – gerade war eine Pestepidemie überstanden – als Dank für die schützende Hand der Madonna bei van Dyck das Gemälde **„Madonna del Rosario unter Heiligen"**. Seit 1628 hängt es am Altar. Das **Deckenfresko** schuf Novelli 1630. Fast 100 Jahre später benötigte dann **Giacomo Serpotta** drei Jahre für die Skulpturen und Reliefszenen aus dem Alten Testament und der Apokalypse. Linker Hand in den Nischen zwischen den Gemälden stehen die Allegorien Wohltätigkeit, Demut, Frieden und Reinheit, rechts Sanftmut, Geduld, Glück und Gehorsam. Links und rechts des Chors wachen auf Podesten „Göttliche Vorsehung" und „Göttliche Gnade".

› Via Bambinai 2, Tel. 091 332779, www.ilgeniodipalermo.com, geöffnet: tgl. 9–18 Uhr, Eintritt: 4 € (Circuito del Sacro 3 €), mit Oratorio di Santa Cita 35 6 € (Circuito del Sacro 4 €)

35 Oratorio di Santa Cita ★★ [E4]

Die Marienverehrung in Santa Cita goss Giacomo Serpotta perfekt in Bilder: Es sind kleine Juwelen der Skulpturenkunst, die ihresgleichen suchen.

Wie das Oratorio del SS. Rosario in San Domenico 34 geht das von Santa Cita ebenfalls auf die 1537 gegründete Bruderschaft **Confraternità Maria SS. del Rosario** zurück. Sie kümmerte sich um Hilfsbedürftige und unterstützte den Ablasshandel, bei dem sündige Bürger die Absolution erhalten konnten – ein offensichtlich einträgliches Geschäft, denn sie galt als eine der einflussreichsten und vermögendsten religiösen Gesellschaften der Stadt. 1670 spaltete sich die Bruderschaft allerdings und der neue Zweig benötigte ein eigenes Bethaus.

Die Bauarbeiten begannen 1686 und **Giacomo Serpotta** erhielt den Auftrag für die Innenausstattung. In fünf Jahren schuf er fast vollflächig die Wände des Oratoriums bedeckende Stuckszenen von atemraubender Feinheit und Eleganz. Hauptwerke sind fünfzehn von Putten und Engeln umflatterte biblische Szenen, die der Künstler nach den damaligen **Mysterien des Rosenkranzes** anordnete (in neuerer Zeit sind weitere hinzugekommen). Die freudenreichen Geheimnisse (links des Eingangs): „Den du, o Jungfrau, vom Heiligen Geist empfangen hast/zu Elisabeth getragen hast/geboren hast/im Tempel aufgeopfert hast/im Tempel wiedergefunden hast." Die schmerzensreichen Geheimnisse (rechts des Eingangs): „Der für uns Blut geschwitzt hat/gegeißelt worden ist/mit Dornen gekrönt worden ist/das schwere Kreuz getragen hat/gekreuzigt worden ist." Die glorreichen Geheimnisse (Rückwand): „Jesus, der von den Toten auferstanden ist/in den Himmel aufgefahren ist/uns den Heiligen Geist gesandt hat/dich, o Jungfrau, in den Himmel aufgenommen hat/dich, o Jungfrau, im Himmel gekrönt hat."

Unter den glorreichen Geheimnissen verewigte Serpotta die **Schlacht von Lepanto**, bei der Christen 1571 die türkische Flotte besiegten. Im als Apsis ausgeführten Chor hängt eine „**Rosenkranzmadonna**" (1695) von Carlo Maratta.

› Via Valverde 3, Tel. 091 7853181, www.ilgeniodipalermo.com, geöffnet: tgl. 9–18 Uhr, Eintritt: 4 € (Circuito del Sacro 3 €), mit Oratorio del SS. Rosario in San Domenico 34 6 € (Circuito del Sacro 4 €)

36 Museo Archeologico Salinas ★★★ [D4]

Das Archäologische Museum Palermos war lange geschlossen und noch immer sind Renovierung und Neuorganisation der Ausstellung nicht vollendet. Was aber bereits zu sehen ist, ist so perfekt aufbereitet und arrangiert, dass man hier einen ganzen Tag verbringen könnte. Das Café Culture im ersten Hof sorgt für das leibliche Wohl (und bietet an manchen Wochenenden mit abendlichen Veranstaltungen weitere Kurzweil).

Das **Regionalmuseum** geht auf das 1814 gegründete Museum der Universität zurück, dessen Sammlung der Archäologe **Antonino Salinas** (1841–1914) stark erweiterte. 1866 konnte das älteste Museum Siziliens in die Räumlichkeiten des aufgegebenen Oratorianer-Klosters vom Ende

Das Archäologische Museum Palermos kann auf einen reichen Fundus zugreifen

des 16. Jh. an der Piazza Olivella einziehen. Drei Stockwerke mit Ausstellungsfläche umschließen heute zwei ehemalige Kreuzgänge und einen dritten (überdachten) Innenhof.

Eines der bedeutendsten Exponate des Museums sieht man gleich zu Beginn in einer Kammer unter den Arkaden des zweiten Kreuzgangs: Der **„Torso dello Stagnone“** von den gleichnamigen Inseln bei Mozia wurde 1933 aus dem Wasser geborgen. Er ist wohl im 6. Jh. v. Chr. auf punischem Siedlungsgebiet entstanden.

In einer Art verglaster Zellenflucht sind u. a. die exzellent erhaltenen **punischen Sarkophage von Cannita** aus dem 6. bis 5. Jh. v. Chr. ausgestellt – gefunden 1695/1727 nahe Bagheria auf einem Hochplateau. Neben ihnen gestikuliert **Zeus** (2. Jh. v. Chr. und in Solunto ausgegraben) auf seinem Thron (oder hält ein nicht mehr vorhandenes Zepter hoch). Die Figur des **Zeus Ourios** aus dem 1. Jh. v. Chr. stammt aus Tindari und zeigt Zeus als Beschützer der Seefahrer („ourios – vollkommener Wind“). Die **Kolossalfigur des Kaisers Claudio** stammt aus dem 1. Jh. und wurde aus einem einzigen Marmorblock geschlagen (ebenfalls in Tindari).

MEIN TIPP

Im Museums-Café

Das Café Culture im Museo Archeologico Salinas 36 ist für Schöngeister der beste Platz in der Stadt. Unter den Arkaden des ehemaligen Kreuzgangs (im ersten Innenhof) mit Blick auf ein Normannenfenster und archäologische Funde gibt es Snacks, Kuchen, Kaffee und Drinks.

Friese der Tempel C, E und F aus Selinunte mit ihren gut erhaltenen Friesreliefs sind in einem eigenen Saal ausgestellt. Tempel C: Apoll auf einem Streitwagen, Perseus enthauptet die Medusa und Herkules trägt die Kerkopen kopfüber am Rücken (die sich – der Sage nach – über seinen Hintern amüsierten, was auch er lustig fand und sie freiließ). Tempel E: Die beiden mittleren Metopen zeigen links Zeus und Hera, rechts wie Hunde Aktaion zerfleischen, weil er Artemis, die Göttin der Jagd, nackt gesehen hat.

Im **Agorà** genannten Saal am hinteren Ende sind die 17 Löwenköpfe vom Viktoriatempel in Himera (5. Jh. v. Chr.) zu sehen. Der Siegestempel entstand nach der Schlacht gegen Karthago (480 v. Chr.).

032pa-fk

Für die erste Etage sind Ausstellungen mit Schmuck, der königlichen Kollektion und zu den Etruskern geplant. Außerdem soll die archäologische Zone von Gela eine Rolle spielen. Die zweite Etage wird einen Schwerpunkt auf das prähistorische Sizilien und die Zeit der Phönizier legen.

› Piazza Olivella 24, Tel. 091 7489995, www.regione.sicilia.it/bbccaa/salinas, geöffnet: Di–Sa 9–18, So 9–13.30 Uhr, im Sommer an manchen Samstagen Nachtöffnung 20–24 Uhr, Eintritt: 6 €, Nachtöffnung mit Führung 10 € (Reservierung telefonisch oder unter www.coopculture.it)

37 Vucciria ★★ [E5]

Einst war die Vucciria der Hauptmarkt der Stadt, heute hält nur noch eine Handvoll Händler die Stellung. Aber nachts ist es hier richtig spannend und es ist „die Hölle los“: Wer ausuferndes Straßenleben bis zum frühen Morgen sucht, ist in der Vucciria perfekt aufgehoben.

033pa-fk

Protagonist der nächtlichen Vergnügungen für Touristen ist die **Taverna Azzurra** (s. S. 98) sicherlich nicht, aber sie ist dennoch das schlagende Herz der Vucciria – wenn auch die Stadtverwaltung diesen Ort der Anarchie und des Trunkenseins schon mehrfach schließen wollte. Die Proteste schwellen aber immer derart an, dass dann doch nichts passiert.

Steigt man auf der kurzen Treppe der Discesa Caracciolo von der Via Roma zur tagsüber relativ leeren **Piazza Caracciolo** [E5] hinunter, ist man nicht beeindruckt. Hat sich aber die Dunkelheit über Palermo gesenkt, taucht man kopfüber ins Nachtleben ein. Plötzlich ist die Piazza vollgestellt mit Stühlen und Tischen und es ist völlig unklar, welcher Bereich zu welchem Lokal oder zu welchem Straßenstand gehört – keinen interessiert's und alles ist voll. Es wird viel gegessen, viel getrunken, viel gelacht. Vor der **Bottega del Principe** (s. S. 92) treffen sich Einheimische und Touristen auf bunten Kinderstühlen zu einem kleinen Magenfüller – es mag etwas überdreht wirken, aber das Streetfood gehört zum besten der Stadt.

Die **Vucciria Vecchia**, der älteste Markt Palermos, erstreckte sich einmal zwischen der Piazza Caracciolo und dem alten Hafen nördlich und parallel zum Corso Vittorio Emanuele. Hier hatten die Metzgereien ihre Läden. Auf Französisch heißt Fleischerei *boucherie* und die *Palermitani* machten daraus die *bucciria*. Und weil im Stadtdialekt *vucciria* „Gewirr“ bedeutet (und die Händler sich ständig gegenseitig überschrien) hatte das Viertel seinen Namen weg.

◁ Streetfood in der Vucciria – Milz im Brötchen (s. S. 85)

Capo-Viertel und nördliches Palermo

Auf der für den Autoverkehr gesperrten Via Maqueda, einer der touristischen Hauptachsen der Stadt, geht es vorbei an Läden, Restaurants, Eisdielen und Fastfood-Ständen nach Norden zur Piazza Verdi mit dem **Teatro Massimo** 38. Durch die Gassen läuft man dann nach Westen bis zum **Mercato del Capo** 39, auf dem es auch gutes Streetfood gibt, und zur **Chiesa dell'Immacolata Concezione al Capo** (s. S. 78). Zurück an der Piazza Verdi wendet man sich wieder nach Norden und gelangt auf der Via Ruggero Settimo zum zweiten großen Theater der Stadt, dem **Teatro Politeama Garibaldi** (s. S. 99) an der Piazza Castelnuovo. Von ihr fahren Busse nach Westen zur **Villa Malfitano** 42 (oder man läuft 1,5 km). Von der Piazza Castelnuovo nach Norden sind es 15 Min. bis zum **Giardino Inglese** 40. Auf seinen Wegen an die Nordseite gegangen, wartet an der Straßenkreuzung die **Pinacoteca di Villa Zito** 41 mit einer bedeutenden Kunstsammlung.

Die letzten beiden Besichtigungspunkte lassen sich definitiv nur mit dem Bus oder dem Rad erreichen: der **Palazzina Cinese** 43 im Parco della Favorita und das **Santuario di Santa Rosalia** 44 hoch über Palermo auf dem Monte Pellegrino.

38 Piazza Verdi und Teatro Massimo ★★ [C4]

Gelaterien, Souvenirshops und Restaurants reihen sich entlang der Fußgängerzone der Via Maqueda auf, die sich schließlich zur Piazza Verdi weitet, der großen Bühne für Passanten mit Bäumen und Jugendstilarchitektur – und der großen Bühne für Opernfans, dem Teatro Massimo.

Seinen zweiten Namen trägt der Platz zu Recht, denn nicht nur das

Das Opernhaus ist – auch – ein Symbol des Widerstands gegen die Mafia

034pa-fk

Theater auf ihm ist überwältigend monumental, auch die Piazza Massimo ist mit drei Hektar gebührend groß. Um für das Teatro Massimo – mit rund 8000 m² Grundfläche das größte Opernhaus Italiens (und das drittgrößte Europas nach Paris und Wien) – Platz zu schaffen, mussten zwei Klöster und zahlreiche Wohngebäude weichen. Man riss sie im 19. Jh. ab, damit **Filippo Basile** seinen Tempel der Muse verwirklichen konnte. 1868 hatte er mit seinem Entwurf den Architekturwettbewerb gewonnen, doch erst 1875 durfte er loslegen. Streitigkeiten und Missgunst führten 1882 zur Baueinstellung, Filippo Basile kam darüber nicht hinweg und starb. Sein Sohn **Ernesto** reaktivierte die Baustelle 1890 und stellte das Teatro Massimo bis 1897 fertig. Am 16. Mai eröffnete Verdis „Falstaff" die Opernsaison.

1974 war dann erst einmal Schluss. Das Theater wurde wegen baulicher Mängel geschlossen und Stadtverwaltung und Mafia verschoben eine Menge Geld, begannen aber nie mit der Sanierung. Nur einmal kamen Anstreicher und präparierten das Treppenhaus und den Großen Saal für die Dreharbeiten zu Francis Ford Coppolas „Der Pate III" (1990).

23 Jahre nach Schließung sorgte dann der Bürgermeister Leoluca Orlando für die Wiedereröffnung und machte das 100 Jahre alte Opernhaus am 12. Mai 1997 mit einem Konzert der Berliner Philharmoniker zu einem **Symbol des Widerstands gegen die Mafia.**

Sechs wuchtige korinthische Säulen tragen das Dach des Portikus. Die Freitreppe flankieren auf Bronzelöwen reitend die **Allegorien** „Lyrik" (links mit altrömischen Trompeten: *tubicines*) und „Tragödie" (mit herzergreifender Geste). 1247 Personen fassen die Zuschauerreihen und Logen des für seine ausgezeichnete Akustik berühmten **Hauptsaals.** Zu Basiles Zeiten fanden bis 3000 Personen Platz. Um deren Aufenthalt erträglich zu gestalten, ließen sich die elf Gemäldesegmente des „Symbolischen Rads" an der Decke (mit Bildern zum Triumph der Musik) aufklappen. Sie sorgten durch Kamineffekte für frische Luft.

Nebensäle, Rauchhalle, Wappenzimmer – alle Einrichtungen des Hauses sind prächtig. Der König durfte sich in seiner Loge über Murano-Glas und Brokatsofas freuen und der Adel generell über Exklusivität. In die Sala Pompeiana durften nur Aristokraten.

Die **Kioske** im Liberty-Stil (Jugendstil) auf der Piazza stammen von Ernesto Basile: Der Chiosco Ribaudo (1894 aufgestellt) und der Chiosco Vicari (1897) dienen heute noch als Tabacchi-Läden.

› Piazza Verdi, Tel. 091 6053521, Führungen: Tel. 091 6053267, www.teatromassimo.it, Vorführungen 15–125 €, Führungen tgl. 9.30–17.30 Uhr, Sa bis 20 Uhr (Dauer 30 Min.), 8 € (mit Bühnentour 13 €); Spezialtour über die Dächer: gleiche Zeiten, 20 €; Cocktailtour (mit Drink in der Königsloge): Buchung 7 Tage im Voraus nötig, 35 €; weitere Touren auch in Kombination mit Konzerten möglich.

39 Mercato del Capo ★ [B5]

Der übersichtliche Mercato del Capo ist ein Stadtteilmarkt in bestem Sinn: recht ursprünglich und deshalb vielleicht der authentischste in Palermo.

In der Via Porta Carini stehen die Stände des kleinen Marktes etwa zwischen der Chiesa dell'Immacolata Concezione al Capo und der Porta Carini an der Via Volturno, die das nördliche Ende der Altstadt markiert. Es

MEIN TIPP

Kiosk mit Tradition

Etwas abseits der Markstraße steht an der Piazza Beati Paoli das „Kioskchen" Chioschetto Beati Paoli. Hier genießen die Einheimischen unter schattigen Schirmen frische Säfte, Mandelmilch, Kaffee, Sandwiches, Bier und Wein.

12 [C6] **Chioschetto Beati Paoli,** Piazza Beati Paoli, Tel. 091 334838, geöffnet: tgl. 8–20 Uhr

geht ruhig zu, nachbarlich freundschaftlich begegnen sich Einkäufer und Händler, lautes Schreien wie auf dem Ballarò 16 ist unbekannt. Einige Läden haben sich aber auch den Touristen geöffnet, bieten bestes **Streetfood** an, outen sich schon mit ihrem Namen als international (z. B. **Sit & mancia**, s. S. 93) oder reichen frittierten Fisch ökologisch korrekt in Papiertütchen über den Tresen (**Fish M Chips**, s. S. 92).

› Via Porta Carini

40 Giardino Inglese ★ [bg]

Die großzügige innerstädtische Parkanlage mit Springbrunnen, Bänken und einem Bereich voller Fahrgeschäfte für Kinder ist eine richtige Oase, vom hektischen Verkehr durch Hecken und hohe Bäume abgeschirmt.

Filippo Basile (der Erbauer des Teatro Massimo 38) plante den 6 ha großen Park 1851 im Stil eines englischen Landschaftsgartens mit Hügeln, Unterführungen und einem See. Der Idee der Zeit folgend, pflanzte man **exotische Pflanzen** wie Bambus (Bambusa vulgaris) aus China, südamerikanische Palisanderholzbäume (Jacaranda mimosifolia), Großblättrige Feigen (Ficus macrophylla) und Flammenbaum (Brachychiton acerifolius) aus Australien, japanische Palmfarne (Cycas revoluta), kanarische Drachenbäume (Dracaena draco) und Bengalische Feigen (Ficus benghalensis) aus Indien. **Denkmäler** erinnern an Heroen des Kriegs (Garibaldi-Monument von 1891) und der Kunst.

› Via della Libertà, geöffnet: Sommer 7–20, Winter 7.30–19 Uhr, Eintritt: frei, Luna Park: eine Fahrt 1,50 €, sechs Fahrten 5 €

41 Pinacoteca di Villa Zito ★★ [bg]

Die Kunstsammlung der Fondazione Sicilia umfasst Gemälde des 17. bis 20. Jh. und hervorragende, bestens präsentierte Werke der sizilianischen Landschaftsmalerei.

037pa-fk

› *Im Garten der Villa Zito*

MEIN TIPP

Back to the Seventies

Die Cafè-Bar im Erdgeschoss der Villa Zito (s. S. 87) ist rund um die Uhr empfehlenswert, ob für einen Morgen-Espresso zwischen Kunstdrucken, ein Mittagessen oder abends für den Aperitif, das Dinner selbst oder den Cocktail abschließend. Wie in einer Lounge der 1970er-Jahre stehen drinnen bequeme Fauteuils und Sofas auf Perserteppichen unter Glaslüstern, draußen sind Tische und Stühle auf den Wegen arrangiert.

Zudem sind eine Sammlung von **Stichen** und **Drucken** und die **Landkartenkollektion** mit Karten zu Sizilien aus dem 16. bis 18. Jh. im Gebäude untergebracht. Die weiteren Sammlungen der **Fondazione Sicilia**, einer Stiftung der Banco di Sicilia von 1991, mit Münzen, Majoliken und Briefmarken befinden sich zusammen mit den archäologischen Stücken und der Skulpturen- und Freskenkunst im Palazzo Branciforte (s. S. 78).

Die **Villa Zito** geht auf die erste Hälfte des 18. Jh. zurück und gehörte in jener Zeit Francesco Scicli. 1926 ging sie in den Besitz der Bank über. Die Ausstellung auf 1000 m² über drei Etagen zeigt als bekanntestes Werk „Ausbruch des Ätna" (1983) von Renato Guttuso. Doch gerade die kleinen romantischen Landschaftsmalereien und Werke, die das bäuerliche Leben zum Thema haben, sind besonders anrührend.

› Via della Libertà 52, Tel. 091 7782180, www.villazito.it, geöffnet: Sommer Di–So 9.30–19.30, Winter Di–Fr 9.30–14.30 Uhr (Kassenschluss 1 Std. vor Ende), Eintritt: 5 € (mit Palazzo Branciforte 8 €)

⊡ Barocker Park vor der Pallazzina Cinese im Norden des Zentrums

42 Villa Malfitano ★★ [ah]

In die Zeit ausgelassener Partys entführt das Wohnhaus des Joseph Whitaker (1850–1936), dessen Familie mit Weingeschäften zu viel Geld gekommen war. Den einen gefällt der wilde Stilmix der Einrichtung, die anderen verdrehen die Augen – beeindruckend ist es allemal.

Mit Marsala-Wein war die aus England stammende Familie noch vermögender geworden und Joseph konnte sich voll und ganz auf seine Steckenpferde **Archäologie** und **Ornithologie** konzentrieren. Seine Arbeiten über die tunesische Vogelwelt sind heute noch anerkannt und seine Grabungen auf der Insel Mozia bei Marsala waren für das Verständnis punischer Kultur von hoher Bedeutung.

1886 beauftrage Joseph den Architekten Ignazio Greco mit dem Bau einer **Villa** in einem von Emilio Kunzmann geplanten sieben Hektar großen Park. Was Puristen heute als eklektizistisch verwerfen, entsprach in der Belle Époque durchaus dem Zeitgeschmack. Das offene Haus und die Bekanntschaften der Familie (mit Richard Wagner, Benito Mussolini, König George V., dem Prince of Wales Edward VIII., Queen Mary und der französischen Kaiserin Eugénie) machten die **Empfänge der Whitakers** legendär.

In der unteren Etage befinden sich die Salons mit **Fresken, Tapisserien, Seidentapeten** und den gesammelten **Kunstgegenständen** der Familie (u. a. Porzellan, Gemälde und Preziosen). In der oberen Etage sind die nicht weniger prächtigen **Schlafräume** und die **Bibliothek** untergebracht. Die früher in einem Nebengebäude ausgestellte ornithologische Sammlung ließ die Familie nach Belfast

043pa-fk

bringen, die archäologischen Exponate kamen auf die Insel Mozia.

› Via Dante Alighieri 167, Tel. 091 6820522, www.villamalfitano.it, geöffnet: Mo–Fr 9–17.30, Sa 9–13 Uhr, Eintritt: Park kostenlos, 1. Etage 6 €, 1. und 2. Etage 9 €
› Bus Nr. 106 von der Piazza Castelnuovo (Nordwestecke) bis Haltestelle „Dante/Villa Malfitano"

43 Palazzina Cinese ★★★ [ae]

Mit Sicherheit gibt es in China kein vergleichbares Gebäude und mit „eigenwillig-orientalisch" sind Baustil und Einrichtung wohl am ehesten umschrieben. Ein Fest für die Augen sind die Chinoiserien der Innenausstattung.

Den **Palast mit Barockgarten** nahe dem Monte Pellegrino ließ sich der Bourbone **Ferdinand** als Residenz vom Architekten Giuseppe Venanzio Marvuglia errichten, nachdem er 1798 vor napoleonischen Truppen aus Neapel flüchten musste. Als Ferdinand IV. war er König von Neapel (1759–1806), als Ferdinand III. König von Sizilien (1759–1815) und als Ferdinand I. König beider Sizilien (1815/16–1825). Er verfügte auch die Enteignung der Ländereien ringsum und die Anlage eines **400 ha großen Parks und Jagdreviers.** Heute dient der Park als Naherholungsgebiet mit Trabrennbahn, Stadion und weiteren Sportanlagen.

Seidentapeten, Fresken (von Giuseppe Velasco) an Tonnengewölben und Wänden mit Drachen und Pfauen, schlanken Gestalten in langen Gewändern mit dünnen Schnurrbärten und Schirmen voller Bommel, Audienz-, Empfangs- und Ballsaal, ein osmanischer Salon, pompejanische „Ausrutscher" und ein „Wannenbad" aus Marmor mit Poolcharakter – die **vier Etagen** haben so einiges zu bieten und sind über verwirrend angelegte Treppenhäuser untereinander verbunden. Grob lässt sich sagen, dass im Erdgeschoss Chinesisches vorherrscht, die erste Etage klassizistisch geprägt ist und die Kuppeletage in 1001. Nacht entführt. Das Untergeschoss will sich allerdings nicht so recht festlegen.

038pa-fk

Die heilige Rosalia

Ein armer Seifenhändler war auf der Suche nach seiner verzweifelten Frau, die ihre ganze leibliche Familie an die Pest verloren hatte und sich vom Berg stürzen wollte. Er fand sie nicht, aber dann erschien ihm am 15. Juli 1624 der Geist Rosalias und führte ihn zur Grotte, in der ihr unversehrter Körper lag. Der Bischof ließ diesen nach Palermo bringen und präsentierte das Wunder den Menschen. Die Pest war sofort vorbei (und auch die Frau des Hausierers hatte überlebt). Seitdem herrscht jedes Jahr am 15. Juli Ausnahmezustand in der Stadt, wenn der Urnenwagen der hl. Rosalia auf seinem Weg durch die Stadt über das Pflaster rumpelt (Cattedrale – Corso – Vittorio Emanuele – Quattro Canti – Piazza Marina – Corso Vittorio Emanuele – Quattro Canti – Via Maqueda – Piazza S. Onofrio – Via Panneria – Piazza Monte di Pietà – Via Judica – Via Gioiamia – Via Bonello – Cattedrale).

- Viale Duca degli Abruzzi 1, geöffnet: Di–Sa 9–18, 1. So/Monat 9–13 Uhr, Eintritt: frei
- Bus Nr. 101 vom Bahnhof (Haltestelle „Stazione Centrale" Richtung „Stadio"), umsteigen in Bus Nr. 616 (an der Haltestelle „Stadio/Fante" in Richtung „Barcarello") bis Haltestelle „Duca degli Abruzzi/Palazzina Cinese"

44 Santuario di Santa Rosalia (Monte Pellegrino) ★ [be]

Am 600 m hohen Monte Pellegrino wacht die Stadtheilige in ihrer Grotte über Stadt und Gläubige. Die Auffahrt (mit Bus, Wagen oder Rad) und die Wanderung garantieren einen weiten Blicke auf Palermo.

Das **Heiligtum** befindet sich auf 445 m Höhe, ein großer Komplex mit Unterkünften für die Pilger, Bars, Restaurants und zahlreichen Ständen für Devotionalien.

War die schöne **Rosalia** die Tochter eines normannischen Grafen des 12. Jh., der – in Misskredit geraten – sein Leben und jeglichen Besitz verlor, weshalb Rosalia in die Grotte am Berg floh und als Eremitin ihr Leben aushauchte? Oder war sie eine Griechin, die der Heirat entsagte und das Gelübde ablegte, was ihre Familie nicht akzeptieren wollte und sie so zur Flucht zwang? Oder lebte sie gar in einer anderen Höhle? Es gibt viele Legenden.

König Ferdinand liebte Chinoiserien – auch in der Architektur: Palazzina Cinese 43

Das Pilgerziel auf dem Monte Pellegrino

Eine Verehrung der Rosalia setzte wohl bereits im 13. Jh. ein, doch die eigentliche Verherrlichung begann erst im Pestjahr 1624. Bereits fünf Jahre danach begann der Bau des Gebäudes. Man tritt durch Vorraum und Lichthof und gelangt in das Halbdunkel der **Grotte** mit dem von einem Baldachin bedachten Schrein. Santa Rosalia aus Marmor und mit Goldbrokat gekleidet scheint in einen leichten Schlaf gesunken. Der Schatz des **Museums**, „Stanze del 1600 del Tesoro di S. Rosalia", besteht u. a. aus wertvollen Pilgergaben, Dankesbezeugungen und im Vorfeld der erhofften Heilung abgegebene Spenden. Ein Blick in die Nebengrotte offenbart Erstaunliches: der hl. Benedikt ist von schwarzer Hautfarbe („**San Benedetto Il Moro**").

- Tel. 091 540326, www.santuariosantarosalia.it, geöffnet: tgl. 7.30–13, 13.30–19.30 (Winter bis 18.30) Uhr, Eintritt: frei, Museum: Sommer Mo–Fr 10–13, 15–19.30 (Winter 15–18.30), Sa/So 9–13, 15–19 (Winter bis 18) Uhr, Eintritt: frei

042pa-fk

- Bus Nr. 812 von Piazza Castelnuovo (Haltestelle „Politeama/Sturzo", direkt nördlich des Theaters, Richtung „Monte Pellegrino") bis Haltestelle „Santuario" (tagsüber alle 90–120 Min.)
- **Wanderung zum Heiligtum:** ab dem Largo Antonio Sellerio (Bus Nr. 812, Haltestelle „Rabin/Scala Vecchia") auf Pflasterweg (Via Santuario Monte Pellegrino), der die Auffahrtsstraße immer wieder kreuzt (Dauer 60–90 Min.)

Westliches Palermo

Die in den moderneren Wohngebieten des Westens von Palermo verteilten Sehenswürdigkeiten lassen sich auch auf einem längeren Spaziergang zu Fuß erreichen. 15 Minuten sind es vom Palazzo Reale (12) nach Nordwesten zum herrlichen, arabo-normannischen **Castello della Zisa** (46) und von diesem zum schaurigen Mumiengrab des **Convento dei Cappuccini** (45) 10 Minuten nach Süden. Von dort weitere 10 Minuten nach Süden erreicht man eine Ruine normannischer Baukunst, die **La Cuba** (47). Zurück zum Palazzo Reale dauert es dann nochmal knapp 15 Minuten.

(45) Convento dei Cappuccini ★★ [aj]

Wer sich gruseln will, muss die Katakomben der Kapuziner-Mönche besuchen, die die natürlich mumifizierten und bis in die 1920er-Jahre mit Injektionen präparierten Leichen wie Puppen drapiert haben. Nichts für kleinere Kinder – ehrlich!!!

Die Entstehung der **Mumiensammlung** ist einem Zufall geschuldet. Die Kapuziner errichteten 1534 ihr Kloster mit der Kirche Santa Maria della Pace. Um ihre Brüder zur letzten

Ruhe zu betten, hoben sie eine Grube in einer Kapelle aus und ließen die in Tücher gewickelten Leichname in die zisternenförmige Höhle hinab. Als diese nach 45 Beerdigungen voll war, sollten die Gebeine umgebettet werden. Man stellte fest, dass die Körper nicht zu Staub zerfallen, sondern mumifiziert waren. Es sprach sich herum und immer mehr Menschen wollten der Nachwelt zumindest ihr physisches Erscheinungsbild erhalten. Die Kapuziner ließen sich dafür bezahlen. Wer es sich leisten konnte, wurde nun nicht (über Jahrzehnte) natürlich mumifiziert, sondern „behandelt" bzw. einbalsamiert.

Da die Mönche die Klassenunterschiede auch im Tod gewahrt wissen wollten, wurden die Mumien nach Geschlecht, Beruf und Rang feinsäuberlich getrennt. Ein eigener Korridor ist den Prälaten vorbehalten, die sich auch heute noch in würdigem Ornat zeigen.

› Piazza Cappuccini 1, Tel. 091 6527389, www.catacombepalermo.it, geöffnet: tgl. 9–13, 15–18 Uhr (Okt.–März sonntagnachmittags geschlossen), Eintritt: 3 €
› Bus Nr. 327 von der Piazza Indipendenza Richtung „Boccadifalco" bis Haltestelle „Pitré/Pindemonte", dann 200 m zu Fuß

46 Castello della Zisa und Museo d'Arte Islamica ★★★ [ah]

Die Normannen waren Ästheten und so holten sie sich für die Arbeit an ihrer Sommerresidenz Meister mit nordafrikanischer und ägyptischer Herkunft. Herausgekommen ist ein Prunkstück der arabo-sizilianischen Architektur des 12. Jh. Das Schloss ist Teil des Weltkulturerbes.

Richtigerweise steht auch das entsprechende Wort in Naschī-Schrift an den Arkaden des Brunnensaals: *al-'azīza* (Arabisch für „herrlich/mächtig"), aus dem sich dann „Zisa" ableitete. **König Guglielmo I.** („Der Böse") begann den Bau 1165, lebte aber nur noch ein Jahr. Sein Sohn **Guglielmo II.** („Der Gute") konnte ihn in Rekordzeit vollenden. Ab 1167 zog die Familie im Sommer vor die Stadttore in den **königlichen Park**, der mit viel Grün und Wasserflächen Kühlung versprach. Um auch im Inneren des Palasts der Hitze zu entfliehen, erhielt der 25 m hohe Quaderbau (Grundriss 25 m auf 45 m) an drei Seiten nur wenig Fensterfläche. In an den Schmalseiten vorspringenden Schächten konnte die über ein Zirkulationssystem zugeführte warme Luft nach oben entweichen. Die Ausrichtung nach Nordosten, von

039pa-fk

der Sonne weg und zum Meer hin, sorgte für die Aufnahme der kühleren Nachtluft durch die dort großzügigen Portale und Fenster.

Bis 1625 blieb der Palast relativ unbeachtet und unverändert. Nur in der Pestzeit diente er als Lager für kontaminierte Waren. 1635 kaufte ihn der Adlige Giovanni de Sandoval e Platamone und baute ihn im barocken Zeitgeschmack um. Die Fürsten Notarbartolo übernahmen 1806 und veränderten weiter. Nach deren Enteignung begann der Staat 1955 mit Restaurierungsarbeiten und dem Rückbau der Überformungen. Wegen mehrfacher Unterbrechungen dauerte dies bis 1991. Heute ist der Palast eines der stimmigsten Beispiele weltlicher Architektur der Normannen und **Sitz des Museums für islamische Kunst.** Der Name führt allerdings in die Irre. Die Ausstellungsobjekte stammen nämlich zum größten Teil aus normannischer Zeit, als die Kunstfertigkeiten der Araber noch das sizilianische Leben beeinflussten, das Christentum aber den Islam ersetzt hatte.

Hinter den gewaltigen Mauern verbergen sich drei Stockwerke, jeweils mit einem Zentralraum und je einem Wohnbereich an den beiden Seiten. Überall sind die *muqarnas* erhalten, die für die arabische Baukunst typischen, stark gegliederten Stalaktitengewölbe. Sie haben keinerlei technische Funktion, sondern dienen allein dem Schmuck: Als Symbol der Komplexität und der Vielfältigkeit der Schöpfung preisen sie Gott.

Der streng symmetrische, zweistöckige **Brunnensaal** im Erdgeschoss ist aufwendig gestaltet und verbin-

Das Castello della Zisa liegt inmitten eines Neubaugebiets

040pa-fk

Die Burg ist ein fast ungegliederter Quader

041pa-fk

Im Inneren entfaltet sich die ganze Pracht islamischen Kunsthandwerks

det das Innere der Residenz mit dem Park, dessen Wasser – so die Idee – der Quelle des Palastes entspringt. Die Freskenfragmente des Saals sind aus dem 17. Jh. Die **Parkanlage** *jannat al-ard* („Genoardo – Paradies auf Erden") diente auch als Jagdrevier der Könige. Heute ist die Fläche stark verkleinert und der Garten im Zug der

Restaurierung als moderner Terrassengarten neu angelegt.

› Piazza Zisa 1, Tel. 091 6520269, www.coopculture.it, geöffnet: Mo–Sa 9–19, So 9–13 Uhr, Eintritt: 6 €, 3-Tage-Ticket für Palazzo Abatellis 26, Palazzo Mirto 31 und Museo Oratorio dei Bianchi (s. S. 76) für 10 € oder Palazzo Abatellis und eine der folgenden Sehenswürdigkeiten: Castello della Zisa 46, San Giovanni degli Eremiti 14 oder Kreuzgang in Monreale (s. S. 70, 10,50 €), 5-Tage-Kombiticket für Abatellis, Zisa, Eremiti und Kreuzgang in Monreale 24 €

47 La Cuba und Punische Nekropole ★ [aj]

Einst ebenso prächtig wie La Zisa 46 ist die 1180 fertiggestellte La Cuba heute nur ein Schatten ihrer selbst. In unmittelbarer Nachbarschaft wartet eine Totenstadt auf Besucher – sie ist um 2500 Jahre alt.

Der im Laufe der Jahrhunderte heruntergewirtschaftete Komplex **La Cuba** stammt aus normannischer Zeit und wurde von König Guglielmo II. initiiert. Ursprünglich stand der **Palast** auf einer Insel inmitten eines künstlichen Sees, den der königliche Park umschloss. Mit ihren hervorstechenden architektonischen Elementen aus dem Besten zweier Baukunstwelten (arabische Stalaktitengewölbe und Banddekors mit gotischen Spitzbögen) besaß die Cuba mit ihrem Garten einen legendären Ruf und fand sich 200 Jahre nach dem Bau von Giovanni Boccaccio im „Decamerone" gewürdigt. Im 16./17. Jh. nutzte man sie als Pestlazarett und im 18. Jh. als Kaserne einer französischstämmigen Söldnerkompanie. Heute stehen von dem – nach ähnlichen Prinzipien wie La Zisa entworfenen – Bau letztlich nur noch die Außenmauern. Die **Cubula**, ein gutes Stück stadtauswärts auf der anderen Straßenseite, ist ein kleiner Pavillon, der als einziger noch an die Gartenbebauung erinnert.

Die mit einem Dach teilweise geschützte punische **Nekropole** 100 m östlich der Cuba befindet sich auf dem Gelände der Carabinieri-Kaserne und besteht aus rund 150 zwischen dem 7. und 3. Jh. v. Chr. entstandenen Grabstellen.

› **La Cuba,** Corso Calatafimi 100, Tel. 091 590299, geöffnet: Mo–Sa 9–19, So 9–13.30 Uhr, Eintritt: 2 €

› **Necropoli Punica,** Corso Calatafimi 90, geöffnet: wegen Personalmangels keine verlässlichen Öffnungszeiten, Eintritt: frei

Decamerone, fünfter Tag, sechste Geschichte

Sizilianische Fischer entführten auf Ischia die wunderschöne Restituta, brachten sie nach Palermo und schenkten sie ihrem König Friedrich. Doch dieser kränkelte etwas und befahl, dass Restituta ein schönes Gebäude in einem königlichen Garten, der Cuba genannt wird, beziehen und dort gehörig gepflegt werden solle, bis er sich ihr – gesundet – widmen könne. Die große Liebe Restitutas, ihr Jugendfreund Gianni, erfuhr aber vom Raub, machte sich auf den Weg, schlich in den Palast und sogleich „umarmten sie sich voller Entzücken und genossen das Vergnügen, das Amor selbst durch kein größeres zu überbieten vermag." Nach einigen Verwicklungen und dem drohenden Tod auf dem Scheiterhaufen, erbarmte sich der anfangs sehr erzürnte König nicht nur, sondern lohnte den beiden ihre Liebe mit Wohlstand und Ehre.

› „Dekameron" von Giovanni Boccaccio, als kostenfreies E-Book z. B. auf www.zulu-ebooks.com

Ausflüge

48 Mondello ★

Wer stadtnah baden will, fährt nach Mondello. In der Hochsaison sollte man allerdings nicht auf viel Platz hoffen. So weit die Bucht Mondellos jenseits des Monte Pellegrino auch ist, der Strand ist brechend voll und die Boxen laut. In der Nebensaison ist das Strandbad aber gut für ruhige Nachmittage, Aperitif und feines Essen.

Etwa in der Mitte der 1500 m langen Bucht steht das augenfälligste Bauwerk, das **Jugendstilbad Alle Terrazze.** Das Kurhaus wurde 1912 mit Pfeilern ins Wasser gestellt. Es war die Hochzeit Mondellos, als die Schönen und Reichen Palermos das Fischerdorf für sich entdeckten und in dem nun mondänen Vorort Villen errichteten. Geblieben sind davon noch einige wenige **Sommerhäuser im Liberty-Stil** und ein paar gute Restaurants (darunter das des Kurhauses). Ansonsten bestimmen gesichtslose Hotels und völlig zugeparkte Straßen das Bild. Aber dies sollte nicht kümmern, wenn der Blick auf das Azurblau des Mittelmeeres gerichtet ist.

Als die Araber auf Sizilien waren, nannten sie die Bucht nicht ohne Grund „Marsa 'at Tin" – „Schlammhafen". Das Hinterland war ein einziges Sumpfgebiet und blieb es bis zum Ende des 19. Jh., als man mit der Entwässerung begann. Nur am Nordende hatte sich ein Fischerdorf gebildet. Von ihm sind zwei Türme erhalten, einer am Hafen (**Torre tonnara**) und einer am äußersten nördlichen Ende der Bucht (**Torre del Fico d'India**). Sie waren ab dem 15. Jh. Teil des Befestigungssystems entlang der Küste. Auf den in kurzen Abständen errichteten Türmen konnten die *torrari* mit Signalen schnell und über weite Strecken vor Feinden warnen.

› Bus Nr. 806 von der Piazza Castelnuovo (Haltestelle „Politeama/Sturzo", direkt nördlich des Theaters, Richtung „Mondello") bis Endhaltestelle „Santuario" (tagsüber alle 15–20 Min.)

Essen in Mondello

13 Galatea, Viale Galatea 57/Mondello, Tel. 091 454653, geöffnet: tgl. 6–22.30 Uhr. In der Waffel oder im Brioche, die Kreationen wie Wassermelone, Maulbeeren oder gesalzene Mandel sind ausgezeichnet. *Die* Gelateria in Mondello: Die 500 m Fußmarsch vom Strand lohnen sich.

044pa-fk

› *Genug von der Stadt? Mondello hat den Strand!*

14 Ristorante Alle Terrazze €€€, Viale Regina Elena/Mondello (Kursaal), Tel. 091 6262903, www.alleterrazze.it, geöffnet: Mi–Mo 12.30–15, 19.30–23 Uhr (Nov.–März Mo–Do geschl.). Edelrestaurant, Fischküche am oberen Ende der Skala, der Service ist legendär, die Lage im 1913 erbauten Kursaal auf Pfeilern über dem Wasser ebenso.

15 Ristorante Bye Bye Blues €€-€€€, Via del Garofalo 23/Mondello, Tel. 091 6841415, www.byebyeblues.it, geöffnet: Di–So 13–14.30, 20–22.30 Uhr. Wenige Schritte abseits vom Strand, kleines Lokal mit Michelin-Stern und ausgezeichneter, einfallsreicher Küche, die Traditionelles fantasievoll abwandelt. Große Auswahl an sizilianischen Weinen.

16 Ristorante La Cantinetta €€-€€€, Via Carbone 101/Mondello, Tel. 3337290697, www.ristorantelacantinetta.it, Mo/Mi–Sa 16–23.30, So 10–23.30 Uhr. Familiäres Restaurant und Enoteca etwas abseits mit ausgezeichneter Küche (fantastisches Fischtartar). Am besten fährt man mit den festen Menüs (Fisch oder Fleisch), die Kellner und der Chef beraten aber auch gern.

Der Kreuzgang der Kathedrale von Monreale

Monreale

Das Städtchen am Hang des Monte Caputo, 7 km von Palermo und in 310 m Höhe, ist trotz des Touristenansturms rund um den Dom ein noch fast beschauliches Plätzchen geblieben. Unbedingt sollte man die Hauptstraße entlangflanieren, die immer noch den Einheimischen gehört. Straßencafés, Bars und die Paninerien sind für den Rummel nicht mal teuer – und ein im Holzofen gebackenes und mit Sesam bestreutes *pane di monreale* ist in der Bäckerei sowieso immer günstig (und lecker).

49 Cattedrale di Santa Maria Nuova ★★★

Hoch über Palermo mit dem perfekten Blick auf Stadt und Meer thront die Kathedrale – der größte Normannendom Siziliens. Seine Mosaike sind eine Enzyklopädie biblischen Lebens und der Kreuzgang ein Meisterwerk der Klosterarchitektur – und natürlich UNESCO-Weltkulturerbe.

Auf 6340 m² summieren sich die **Goldgrundmosaike,** die König Guglielmo II. für die Cattedrale Santa Maria Nuova in Auftrag gab. Die 1174 begonnene (und um 1182 fertiggestellte), über 100 m lange, 40 m breite und 35 m hohe Basilika und das angrenzende Benediktinerkloster kosteten ihn ein Vermögen. Schon der Zugang bereitete Kirchgänger auf die zu erwartende Pracht vor. Mit dem Flügeltor des Hauptportals im Westen (unter dem im 18. Jh. angefügten Portikus) schuf Bonanno Pisano 1188 die **größte Bronzetür des Mittelalters** (3,90 x 7,80 m). Sie erzählt auf 42 Paneelen Geschichten aus dem Alten und Neuen Testament. Heutige Besucher betreten die Kirche allerdings von der Nordseite. Die 130 aus winzigen, eingefärbten oder mit Gold belegten Glaswürfeln zusammengesetzten Gemälde und ungezählte Einzelfiguren sind schlicht überwältigend (und im Einzelnen gar nicht zu beschreiben).

Der silberne **Hauptaltar** (1770–73) von Luigi Valadier berichtet vom Leben der Madonna. Unter Jesus Pantokrator im Apsis-Gewölbe thront die Madonna zwischen zwei Erzengeln und zwölf Aposteln. Das Fenster flankieren auf jeder Seite sieben Märtyrer (rechts, zweiter von links ist der gemeuchelte Lordkanzler Englands, Thomas von Canterbury, der 1173 heiliggesprochen wurde; er war normannischen Blutes). Über der Marmorloge mit dem **Thron** ist Guglielmo II. zu sehen, wie ihm Christus die Krone aufsetzt: König von Gottes Gnaden. Seinem Dank gibt er direkt gegenüber Ausdruck: Guglielmo (bereits mit Krone) reicht der Mutter Gottes die Kathedrale.

Die Sarkophage von Guglielmo I. und Guglielmo II. (Vater und Sohn) stehen im **Südschiff:** der von Guglielmo I. („Dem Bösen") dunkel wie die Sünde und bis auf ein einfaches Zierband ungeschmückt, der von seinem Sohn („Dem Guten") in hellem Marmor, fast heiter und mit Intarsien versehen. Im Apsis-Gewölbe ist der hl. Petrus abgebildet, um ihn herum Szenen aus seinem Leben.

Im (kostenpflichtigen) **Nordflügel** wurde die Apsis-Kapelle dem hl. Paul geweiht. Hier liegt die Mutter von Guglielmo II. – Margarete von Navarra – in einem Sarkophag. Die barocke Kreuzigungskapelle **Cappella Roano** seitlich stiftete der spanische Erzbischof Roano und ließ sie bis 1688 in den Dom einbauen. An den Seitenwänden des reich ausgestatteten ovalen Raums voller Vögel, Putten und Monster stehen lebensgroß die Skulpturen der Propheten Daniel, Hesekiel, Jesaja und Jeremia, am Kopfende in der tiefen Nische hat die Skulpturen- und Reliefarbeit „Wurzel Jesse" aus dem 15. Jh. im Stil spanischer Gotik Platz gefunden. Die Kapelle ist auch Grablege für Roano und weitere Erzbischöfe. In ihrer Sakristei ist der **Domschatz** mit kostbaren Ornaten, Monstranzen und Ziborien untergebracht. Zu den bedeutendsten Exponaten gehört der „Heilige Dorn" (der von der Dornenkrone Christi stammen soll). König Philipp IV. von Frankreich (und König von Navarra) schenkte ihn dem Bistum um 1300.

Bei schönem Wetter sollte man unbedingt den Aufgang zu den **Dachterrassen** nutzen, denn die Aussicht auf die Vorplätze des Doms, auf Monreale und Palermo sind fantastisch – von der Vogelperspektive auf den Kreuzgang nicht zu reden.

Das **Museo Diocesano di Monreale** (Diözesanmuseum) lässt sich über das Hauptschiff des Doms erreichen und bei Messen über den Nebeneingang an der Rückseite, vorbei an den mit Blendbögen ausnehmend elegant gestalteten Apsiden. Die Sammlung des Doms umfasst nicht nur Sakralgegenstände, religiöse Gemälde und

Skulpturen, sondern auch architektonische Details der Kathedrale, Mosaikkunst und Halbweltliches wie den Wandteppich „Traum des Guglielmo“ (1865) mit der Gründungslegende von Dom und Kloster nach einem Gemälde von Gioacchino Martorana (1769). Auf Jagd im heutigen Monreale sei Guglielmo II. im Traum die Jungfrau erschienen und habe ihm den Platz gezeigt, an dem seines Vaters Kriegsbeute versteckt wäre. Er solle sie zum Bau einer Kirche verwenden – gesagt, getan.

MEINE TIPPS

Weißbrot mit Füllung

Sicherlich gehören die Sandwiches der **Tramezzineria del Corso** nicht zu den gesündesten, sie sind aber ungeheuer lecker, sättigend und günstig. Zwischen zwei großen, zu einem Dreieck geschnittenen Weißbrotscheiben sind immer eine Art Majo-Crème oder Pesto zu finden – alles Weitere entscheidet man selbst: Salami, Schinken, Thunfisch, Eier, Salat, Huhn, Käse – die Auswahl ist groß.

17 Tramezzineria del Corso, Corso Pietro Novelli 65/Monreale, Tel. 3892633912, Mo–Fr 7–21, Sa 7–24 Uhr

Brottradition

Der **Panificio Campanella** stellt das dunkel gebackene *pane di monreale* und die *biscotti di monreale* traditionell her: spezielles Mehl aus der Gegend, (geheime) Familienrezepte und Holzofen. Die Schlangenform des Biskuits ist für den Geschmack nicht wichtig, symbolisiert aber das „S“ für das Kloster San Castrense, das das Gebäck im 16. Jh. erstmals herstellte.

18 Panificio Campanella ✿, Corso Pietro Novelli 60/Monreale, Tel. 091 6402890, Mo–Fr 7–19, Sa 7–13 Uhr

Der **Kreuzgang** der Benediktiner ist über einen separaten Eingang (rechts des Dom-Hauptportals) zu betreten. Auch für ihn sollte man sich ausreichend Zeit nehmen, schließlich gilt es, den Figurenreichtum der Doppelsäulen zu bewundern. Die 26 Arkadenöffnungen an jeder Seite des 47x47 m messenden Gevierts bieten an den Doppelkapitellen ausreichend Raum für **meisterliche romanische Steinmetzarbeiten** mit floralen Verzierungen, Tieren, Monstern, Menschen, Morden, Jagden, Tänzen, antiken und biblischen Szenen – keine der 114 Zwillingssäulen gleicht der anderen. Das 19. Kapitell der Westseite zeigt nochmals Guglielmo II. bei der Kirchenübergabe. Hier allerdings reicht er sie Jesus auf dem Schoß Marias. Die Südwestecke ziert ein ebenfalls mit Säulen ausgestatteter zarter Brunnenhof.

› **Dom/Hauptschiff,** Piazza Guglielmo II. 1, www.monrealeduomo.it, www.museodiocesanomonreale.it, Tel. 3273510886, geöffnet: Mo–Sa 8.30–12.45, 14.30–16.30, So 8–9.30, 14.30–16.30 Uhr, Eintritt: frei. **Nordflügel, Roano-Kapelle,** geöffnet: Mo–Sa 9–12.30, 14.30–17.30, So 14.30–17.30 Uhr, Eintritt: 2,50 €. **Dachterrassen,** geöffnet: Mo–Sa 9–12.30, 14.30–17.15, So 14.30–17.15 Uhr, Eintritt: 4 €. **Diözesanmuseum,** geöffnet: Mo–Sa 9.30–15.30 Uhr, Eintritt: 4 €. **Kreuzgang,** geöffnet: Mo–Sa 9–18.30, So 9–13 Uhr, 6 €, **verschiedene Kombitickets** ab 4 €. Im Sommer finden an manchen Samstagen **Nachtführungen** durch Dom und Kreuzgang statt, 20–24 Uhr, 18 €, Reservierung unter Tel. 091 7489995, www.coopculture.it.

› **Anfahrt:** Bus Nr. 389 von der Piazza Independenza Richtung „Monreale“ bis Endhaltestelle (tgl., tagsüber alle 75 Min., Fahrtzeit etwa 1 Std.)

Essen in Monreale

19 Bar Arcobaleno €-€€, Corso Pietro Novelli 7/Monreale, Tel. 3662690586, geöffnet: Mo-Sa 4.30-21.30, So 6.30-14.30 Uhr. Der Übergang zwischen Bar und Caffetteria ist fließend und so gibt es belegte Panini und *arancini* oder sündhaft süße Kalorienbomben und auch richtige Hauptspeisen, Granita und frisch gepresste Säfte.

20 La Tazzina Café €, Via Roma 57/59, Tel. 3476852871, geöffnet: 6-24 Uhr. „Menu Pizza" oder „Menu Panino" jeweils mit Wasser für 5 €. Ganz sicher kein Ereignis, aber schnell und effizient. Und der Aperitif mit einem Teller Häppchen kostet wie viel? 5 €!

21 Pizzeria Peppino €-€€, Via Benedetto Civiletti 12/Monreale, Tel. 091 6407770, www.facebook.com/pizzeria peppinomonreale, geöffnet: tgl. 10.15-0.30 Uhr. In einer Seitengasse tönt Salsa, die Tische und Stühle stehen fröhlich-bunt im Durchgang draußen und die schnell servierte Pizza ist kross mit fluffigem Teig - eine sympathische Adresse.

22 Ristorante Fuori Orario €€, Via Benedetto d'Acquisto 22/Monreale, Tel. 091 6402974, www.facebook.com/trat toria.fuori.orario, geöffnet: Di-So 11-15, 19-24 Uhr. Ein Highlight ist die Aussicht von der (leider viel zu kleinen) Terrasse mit Blick auf die Conca d'Oro, das fruchtbare Tal Palermos, das sich den Hang hinunter bis an den Stadtrand zieht. Das Essen ist verlässliche Hausmannskost, à la carte mit etwas zu hohen Preisen, aber es gibt ja die günstigeren Menüs.

Cefalù

Knapp eine Stunde dauert die Zugfahrt von Palermo nach Cefalù. Unterhalb der 250 m hohen Rocca liegt das Städtchen mit engen Gassen und quirligem Leben malerisch direkt am Meer. Der Dom gehört zum UNESCO-Weltkulturerbe und der Stadtstrand verführt zu einem Badenachmittag.

50 Duomo del Santissimo Salvatore ★★★

Den „Dom des Heiligsten Retters" ließ König Ruggero II., der Großvater von Friedrich II., ab 1131 errichten. Bei einem Sturm soll sein Schiff bei Cefalù das rettende Ufer erreicht haben - Grund genug, um sich mit einer Kirche zu bedanken.

Schöner geht Italien nicht - Cefalù am Meer

003pa-fk

Die Herausforderungen beim Bau des auch Cattedrale della Trasfigurazione („Kathedrale der Verklärung") genannten **Duomo** waren für jene Zeit so groß, dass die Arbeiten mehrfach eingestellt werden mussten, um Problemlösungen bei Fundament und Statik zu finden.

1240 war schließlich auch die Fassade fertig. Die beiden Flankentürme sprangen damals stark hervor, was 1472 Ambrogio da Como mit der Anfügung des einstöckigen **Portikus** im Stil der katalanischen Gotik abschwächte. Ansonsten behielt die Kirche mehr oder weniger ihr Äußeres und Inneres als Basilika mit drei, durch Säulenreihen getrennten Schiffen. Das **Sanktuarium** besitzt drei Apsiden, das **Querschiff** zwei Flügel. Die Spitzbögen des Doms sind besonders schlank ausgeführt. Nur die Zentralapsis verzieren Mosaike (1148 fertiggestellt). Ihre Kalotte dominiert das Bildnis des „Christus Pantokrator", über ihm schweben im Kreuzgewölbe Engel (sechsflügelige Cherubim und Seraphim) und künden von der Gegenwart des Herrn. Unter ihm flankieren vier Erzengel die Muttergottes. Unter ihr werden in zwei Reihen die Apostel gezeigt.

Das Kloster links des Doms besitzt einen wunderschönen **Kreuzgang** – wenngleich die Kapitelle bei Weitem nicht so gut erhalten sind wie die in Monreale. Er entstammt wohl dem Ende des 12. Jh. oder dem Beginn des 13. Jh. Zierliche Doppelsäulen aus weißem venezianischem Marmor verleihen dem Hof eine zarte Verspieltheit. In der Nord-Süd-Ausrichtung besteht der Kreuzgang aus 20 Bögen, in der Ost-West-Ausrichtung aus 15 Bögen. An der südwestlichen Ecke besitzt der Kreuzgang einen drei Bögen im Geviert messenden Bruder. Die Säulen sind mit Kapitell und Basis 1,70 m hoch. Derzeit ist nur eine Hälfte des Kreuzgangs aufgestellt, die andere befindet sich zur Sanierung in der Werkstatt. Ein Faltblatt hilft bei der Entdeckung der Säulenpaare, darunter „Gänsegeier und Krokodile", „Bestiarium" und „Akrobaten".

› **Duomo,** Piazza Duomo, Tel. 0921 926354, geöffnet: Sommer tgl. 9–18.30, Winter Mo–Sa 8.30–13, 15–17 Uhr, Eintritt: frei
› **Kreuzgang (Chiostro),** Piazza Duomo, geöffnet: Sommer tgl. 10–18, Winter 10–13 Uhr, Eintritt: 3 €
› **Anfahrt:** Die Regionalzüge zwischen Palermo und Cefalù verkehren werktags etwa fünfzehnmal, sonn- und feiertags etwa sechsmal am Tag, die Fahrtdauer beträgt um 50 Min., das Ticket kostet 5,60 € (einfach).

Essen in Cefalù

23 I Sapori di Don Ciccio €, Via Vittorio Emanuele 60, Tel. 0921 923975, www.facebook.com/isaporididonciccio, geöffnet: tgl. ab 18 Uhr. Einfaches Streetfood wie mit Milz gefüllte Brötchen, aber auch Ausgeklügelteres.

24 Trattoria La Botte €€, Via Veterani 6, Tel. 0921 424315, www.facebook.com/labottecefalu.fiduccia, Di–So 12.30–14.30, 19.30–23 Uhr. Sympathisches, familiäres Lokal, das für seine unprätentiöse Küche mit besten Zutaten gelobt wird. Weinberankte Terrasse, große Weinkarte und ein etwas zu gemütlich hantierender Service.

25 Trattoria/Pizzeria L'Antica Corte €€, Cortile Pepe 7, Tel. 0921 423228, geöffnet: Fr–Mi 9.30–22.30 Uhr. Gute Vorspeisen, zu empfehlen ist das Couscous mit Meeresgetier, Pizza nur abends, Tische in der Gasse zum Meer hin.

PALERMO ERLEBEN

046pa-fk

Palermo für Kunst- und Museumsfreunde

Palermo ist einer der frühen Schnittpunkte europäischer Kultur. Nicht umsonst hatte Friedrich II., der Kaiser des Heiligen Römischen Reiches Deutscher Nation, Wohnort und Residenz auf Sizilien und in Palermo gewählt. Alles was Menschen tausend Jahre lang etwas bedeutete – an Wissenschaft, Kunst, Spiritualität und Politik –, hat auch Palermo berührt oder von dort gar seinen Ausgang genommen. Sizilien ist auch ein Wegweiser bei Kultur und Lebensstil und ein Synonym für gelassene Ausgelassenheit. So vielfältig wie das kulturelle Erbe der Stadt aus Romanik, Gotik, Renaissance, Barock, Klassizismus und Jugendstil, so polyglott sind auch seine Bewohner und Besucher, was sich nicht nur im Sprachengewirr ausdrückt. Das Angebot an musealer Kultur, stilreiner Kirchenausstattung und prächtiger Palastarchitektur ist mehr als reichlich und erfordert für die Entdeckung seine Zeit.

MEIN TIPP

Schatzsuche

Bei der Suche nach den Wegen zu den Schätzen Palermos hilft die Organisation **Le Vie dei Tesori,** die in mehreren Städten Siziliens im September und Oktober jeden Jahres während des **Festival del Patrimonio culturale** Sehenswürdigkeiten zugänglich macht, die sonst nicht immer zu besichtigen sind. Das können historische Archive oder Bibliotheken sein, ein kleiner versteckter Privatflughafen von geschichtlicher Bedeutung, Kirchen, Paläste, Gärten, ein Bunker, ein Friedhof .... Teils kann man zu den im Programm angegebenen Öffnungszeiten hingehen, teils müssen die Besuche reserviert werden. Rund 150 Plätze und Gebäude sind gelistet und die Karte für zehn Sehenswürdigkeiten kostet 15 € (für vier 8 €).

› www.leviedeitesori.com

Museen, Galerien, Ausstellungen

› **Chiesa di San Matteo** (s. S. 80). Barockkirche mit Kunstausstellungen in der Krypta.

24 [G6] **Chiesa di Santa Maria dello Spasimo.** Sonderausstellungen und Veranstaltungen in einer Kirchenruine (s. S. 42).

20 [E6] **Galeria d'Arte Moderna (GAM).** Ausgestellt werden Werke des 19. und beginnenden 20. Jh. Besonders schön ist die Sammlung der romantischen Landschaftsmalerei des 19. Jh. (s. S. 39).

› **Galeria Regionale della Sicilia.** Die wichtigste Kunstsammlung Siziliens mit Werken vom Mittelalter bis in die Neuzeit im wunderschönen Renaissancepalast Abatellis 26.

36 [D4] **Museo Archeologico Salinas.** Topmodernes Archäologiemuseum mit dem Besten, was die Grabungen in die Tiefe der punischen, griechischen und römischen Zeit hergegeben haben (s. S. 54).

46 [ah] **Museo d'Arte Islamica.** Das Castello della Zisa bewahrt die Schätze islamischer Kunstfertigkeit aus der Normannenzeit und ist selbst ein Juwel der Architektur jener Epoche (s. S. 64).

‹ Vorseite: Die Fabbrica Carretini ist seit Jahrzehnten eine Institution in Palermo (s. S. 103)

› Tänzerinnen von Totò Gregorietti in der Galeria d'Arte Moderna (GAM) 20

M 26 [cj] **Museo della Radiologia,** Piazza delle Cliniche 2, Tel. 091 6552335 und 091 6552336, geöffnet nach Voranmeldung: Mo–Fr 9–15 Uhr, Eintritt: frei. Spezialmuseum der Universität zur Entwicklung der Röntgentechnik und -diagnostik mit Exponaten wie elektrostatischen Maschinen des späten 18. Jh., Röhren und Steuertischen.

› **Museo della Specola,** im Palazzo Reale 12, Tel. 091 233247, www.astropa.inaf.it, geöffnet nach Voranmeldung: Mo–Fr 9–12 Uhr (geführte Tour auf Englisch 60 Min.), Eintritt: frei. Das Museum des astrophysikalischen Instituts der Universität mit seinem Observatorium ist im Palazzo Reale untergebracht (s. S. 29).

22 [F7] **Museo delle Maioliche.** Das Majolika-Museum präsentiert eine einzigartige Sammlung an Kacheln (s. S. 40).

30 [G5] **Museo delle Marionette.** Das Puppenspiel hat auf Sizilien eine lange Tradition, die erzählten Geschichten sind noch älter (s. S. 49).

M 27 [cg] **Museo del Mare Florio,** Via dell'Arsenale 140–148 (Bus Nr. 107), www.museodelmarepalermo.it, geöffnet: Mo–Fr 9–12 Uhr, Eintritt: frei. Im ehemaligen königlichen Arsenal am Industriehafen sind Amphoren, Anker und Schiffsmodelle (wie die Santa Maria von Kolumbus oder das Flaggschiff von Admiral Nelson) ausgestellt – insgesamt 50 bis ins feinste Detail ausgearbeitete Kleinode.

M 28 [E5] **Museo del Risorgimento,** Piazza S. Domenico 1, Tel. 091 582774, www.storiapatria.it, geöffnet: Di–Fr 9–13 Uhr, Eintritt: frei. Die Zeit des Risorgimento (der mit Garibaldis Sturm eingeleiteten Renaissance und Einigung Italiens und der Bildung des Königreiches) ist vor allem für Schulklassen interessant – und für Liebhaber von Waffen, Uniformen, Fahnen und Flaggen.

› **Museo Diocesano di Monreale,** Cattedrale di Santa Maria Nuova 49. Zu sehen sind Kunst, Sakralgegenstände und ein herrliches, gewebtes Großgemälde zur Gründungslegende der Kathedrale (s. S. 69).

11 [C7] **Museo Diocesano di Palermo.** Was Erzbischöfe so sammeln, wenn sie nicht aufs Geld schauen müssen, ist hier zu sehen – Bilder, Skulpturen, Preziosen (s. S. 28).

M 29 [G7] **Museo di Zoologia P. Doderlein,** Via Archirafi 16, Tel. 091 23891819, www.museozoologia.unipa.it, geöffnet: Mo–Fr 9–13, Sa/So 10–14 Uhr, Eintritt: 3 € (reduziert auf 2 € mit Ticket für Orto Botanico 25). Das zoologische Museum

048pa-fk

049pa-fk

der Universität zeigt ausgestopft, skelettiert oder in Formalin eingelegt den früheren Artenreichtum des Mittelmeers, aber auch Landtiere und Vögel, darunter den in den 1920er-Jahren ausgelöschten sizilianischen Wolf (Canis lupus cristaldi) und Geier.

30 [dj] **Museo Eco Mare (Mare Memoria Viva)**, Via Messina Marine 14 (Busse Nr. 231/224), www.marememoriaviva.it, geöffnet: Di–So 9–18.30 Uhr, Eintritt: frei. Im ehemaligen Eisenbahndepot der Strecke nach Corleone befindet sich ein Museum zur Beziehung von Mensch und Meer, das sich vornehmlich an Schulklassen richtet.

31 [D8] **Museo Geologico Gemmellaro,** Corso Tukory 131, Tel. 091 23864665, www.museogeologia.unipa.it, geöffnet: Sept.–Juni Mo–Fr 9–13, 15–17, Sa 9–13, Juli/Aug. Mo–Fr 9–13 Uhr, Eintritt: 4 €. 1860 gegründetes Universitätsmuseum mit Geologie, Mineralienkunde und Paläontologie auf drei Etagen. Auch für Kinder spannend: die Skelette von Elefant, Bison und einer Sizilianerin, die vor 11.000 Jahren gelebt hat.

Der Eingang des Museo Eco Mare

32 [G6] **Museo Oratorio dei Bianchi,** Piazzetta dei Bianchi, Tel. 091 6230068, Di–Fr 10–18, Sa/So 10–13 Uhr, Eintritt: frei. Palastartiges Bethaus aus dem endenden 15. Jh., errichtet von der vermögenden Bruderschaft Santissimo Crocifisso, die den zum Tode Verurteilten Trost zu spenden versuchte. Heute ist es ein Museum für Barockkunst mit Gemälden, Schnitzwerk und herrlichen Stuckplastiken von Serpotta, bewahrt aber u. a. auch das Holztor „bab-al futuh" auf, durch das 1071 die siegreichen Normannen in die Stadt zogen.

7 [D6] **Museo regionale d'Arte Moderna e Contemporanea.** Im Palazzo Riso werden Werke zeitgenössischer sizilianischer Künstler ausgestellt (s. S. 24).

22 [F7] **Palazzo Aiutamicristo.** Palazzo in Privatbesitz, dessen verfallende Obergeschosse einen morbiden Hintergrund für Sonderausstellungen bilden (s. S. 40).

33 [E5] **Palazzo Alliata di Pietratagliata,** Via Bandiera 14, Tel. 3475264276, www.palazzoalliata.it, geöffnet: nach Voranmeldung (für Gruppen ab 20 Personen), Eintritt: 25 €/Person (mit einem Getränk 30 €/Person). Als Event Location genutzter, noch bewohnter Palast in katalanischer Gotik aus dem 15. Jh.

34 [C7] **Palazzo Asmundo,** Via Pietro Novelli 3, Tel. 3356687798, www.palazzoasmundo.com, geöffnet: Do–So 9–16 Uhr, Eintritt: 6 €. In einer engen Gasse gegenüber der Kathedrale verbirgt sich dieser 1615 begonnene Palast. Da er erst 1767 endgültig fertig wurde, zeigt er sich in schwerem Barock. Darin befindet sich ein Museum voller Antiquitäten und Spezialsammlungen (darunter Fliesen, Münzen, Waffen, Regimentskarten) sowie wunderbaren Fresken von Gioacchino Martorana an den Decken. Caffetteria mit Sandwiches und (nur Do/So 19–23 Uhr) Aperitif-Angebot.

29 [G5] **Palazzo Butera.** Der Kontrast der historischen Substanz des Palasts aus dem 18. Jh. mit der modernen Kunst der Valsecchi-Sammlung ist ein Ereignis für sich (s. S. 47).

M 35 [C4] **Palazzo Francavilla,** Via Ruggero Settimo 8, Tel. 091 336856, www.palazzofrancavilla.com, geöffnet: nach Vereinbarung für Gruppen ab 15 Personen, Eintritt: 15 €/Person. 1783 erbauter Adelspalast an der Piazza Verdi. In nächster Nähe zu seinem Hauptwerk, dem Teatro Massimo 38, hatte Ernesto Basile auch hier die Hände im Spiel und entwarf für das Treppenhaus eine prächtige Decke im Stil der Neorenaissance. Der Ballsaal zeigt sich im Neorokoko und die Fresken in den Salons zitieren den Barock. Natürlich fehlt auch der Wintergarten nicht – als *hortus conclusus* an die Wände gemalt, schaffen Blumen und Bäume die fast perfekte Illusion.

M 36 [E7] **Palazzo Gravina di Comitini,** Via Maqueda 100, Tel. 091 6628251, tgl. 10–14, 15–18 Uhr (Do 10.30–11.30 Uhr geschlossen), Eintritt: frei. Ab 1771 errichteter Stadtpalast im Stil des Rokoko. In der Beletage ist unter anderem das Deckenfresko „Triumph des wahren Vergnügens" (1770) von Gioacchino Martorana erhalten. Im Gebäude sind heute auch Empfangsräume des Bürgermeisters untergebracht.

41 [bg] **Pinacoteca di Villa Zito.** Sehenswerte Sammlung mit Gemälden aus dem 17. bis 20. Jh. und Landkarten des 16. bis 18. Jh. sowie Kunstdrucken (s. S. 59).

M 37 [ah] **Spazio Culturale/Cantieri Culturali alla Zisa,** Via Paolo Gili, Tel. 091 6524942, facebook.com/CantieriCulturaliAllaZisa. Hallen für Kulturereignisse, Ausstellungen, Messen und Konzerte auf einem ehemaligen Industriegelände.

M 38 [G5] **Spazio Mostra Loggiato San Bartolomeo,** Corso Vittorio Emanuele 25, Tel. 091 2712061, www.fondazionesantelia.it, Öffnungszeiten und Eintritt sind abhängig von den Ausstellungen und Events. Die prominente Loggia mit ihrer eleganten Fassade zum Meer direkt bei der Porta Felice 32 geht auf das Jahr 1431 zurück und war im beginnenden 20. Jh. Asyl für Auswanderer, die in Palermo einschifften.

M 39 [C6] **Spazio Mostra Oratorio di S. Stefano Protomartire,** Piazza del Monte di Pietà 6, Tel. 091 581990, Öffnungszeiten und Eintritt sind von der Ausstellung abhängig. Um 1600 errichtete Barockkirche mit einigen Werken von Serpotta, heute Ausstellungsfläche und selten genutzter Konzertsaal.

M 40 [E7] **Spazio Mostra Palazzo Sant'Elia,** Via Maqueda 81, Tel. 091 2712061, www.fondazionesantelia.it, geöffnet: Mo–Fr 9.30–13.30, 15.30–18.30 Uhr, Eintritt: ausstellungsabhängig. Sonderausstellungen in einem Palast aus dem 16. Jh.

M 41 [B3] **Spazio Mostra Palazzo Ziino,** Via Dante 53, Tel. 091 7407800, geöffnet: Mo–Fr 9.30–18.30 Uhr, Eintritt von der Ausstellung abhängig. Neoklassizistisches Bauwerk vom auslaufenden 19. Jh., das der Akademie der Schönen Künste als Ausstellungsfläche dient.

M 42 [E6] **Spazio Museale Palazzo Bonocore,** Piazza Pretoria 2, Tel. 091

KURZ & KNAPP

Weltkulturerbe Arabisch-normannisches Palermo

2015 sind neun Stätten in und um Palermo zum UNESCO-Weltkulturerbe erklärt worden. Die Kathedralen von Palermo 10, Monreale 49 und Cefalù 50, die Kirchen Santa Maria dell'Ammiraglio (La Martorana) 4, San Cataldo 5 und San Giovanni degli Eremiti 14, der Königspalast Palazzo Reale 12, die Sommerresidenz La Zisa 46 und die Brücke Ponte dell'Ammiraglio (s. S. 44). Die Chiesa San Giovanni dei Lebbrosi (s. S. 79) gehört nicht zum Erbe (obwohl sie es verdienen würde).

6870520, Öffnungszeiten und Eintritt sind von der Ausstellung abhängig. Palazzo an den Quattro Canti aus dem 16. Jh. mit Sonderausstellungen.

43 [E4] **Spazio Museale Palazzo Branciforte,** Via Bara all'Olivella 2, Tel. 091 7657621, www.palazzobranciforte.it, geöffnet: Sommer Di–So 9.30–19.30, Winter Di–Fr 9.30–14.30 Uhr (Kassenschluss 1 Std. vor Ende), Eintritt: 7 € (mit Pinacoteca der Villa Zito 41 8 €). Im Patrizierpalast des 16. Jh. hat die Stiftung Fondazione Sicilia ihre Sammlungen mit Briefmarken, Münzen, Majoliken, Fresken und archäologischen Stücken untergebracht. Im Gebäude residierte erst Conte di Raccuja, später der Fürst von Pietraperzia. Zweimal (im 19. und 20. Jh.) mussten Teile wegen Bombardements neu aufgebaut werden, schließlich passte man die Räumlichkeiten dem Museumsbetrieb an. Das Restaurant im Palast ist nicht günstig, aber eine unbedingte Empfehlung.

Weitere Kirchen, Klöster, Oratorien

44 [C6] **Cappella e Loggia dell'Incoronazione,** Via Incoronazione 11. Gleich hinter der Kathedrale zeigten sich König oder Königin in der einer Kapelle vorgebauten Königsloggia (um 1130 entstanden) und ließ sich vom defilierenden Volk huldigen. 17 Könige und vier Königinnen haben sich unter den Arkaden feiern lassen. Unter der Kapelle befindet sich Mauerwerk, das noch der Moschee zugeschrieben wird, die einmal hier stand.

45 [B5] **Chiesa dell'Immacolata Concezione al Capo,** Via Porta Carini 38, Tel. 3274532153, geöffnet: Mo–Sa 9–17, So 9–13 Uhr, Eintritt: frei. Die Stadtteilkirche „Unbefleckte Empfängnis“ mitten im Capo-Markt mit ihrer barocken Prachtentfaltung entstand 1604 bis 1740 als Hallenbau mit großen Fensterflächen. Das Altarbild schuf Pietro Novelli 1637. Man achte auch auf den wertvollen Marmorboden.

46 [D6] **Chiesa del Santissimo Salvatore,** Corso Vittorio Emanuele 396, Tel. 091 6118168, geöffnet: Mo–Do 10–18 Uhr, Eintritt: 2,50 €. Kuppel: Eingang in der Via SS. Salvatore, geöffnet: Mi–So 10–17 Uhr (letzter Einlass 16.30 Uhr), Eintritt: 2,50 €. Die Kirche des heiligsten Erlösers gehört zu den ungewöhnlichsten Barockbauwerken Palermos. Ursprünglich stand hier ein Kloster, an dem Konstanze von Hauteville, die Ehefrau von Roger II. und Heinrich VI., Äbtissin war. 1528 wurde die heutige Kirche errichtet und 1681 bis 1699 von Paolo Amato völlig verändert und barockisiert. Er entwarf einen ovalen Kirchenraum mit rechteckigen Kapellen und versah ihn reichlich mit Stuck. Die Balkone und Logen lassen ihn wie ein Theater wirken, weshalb er heute auch für Konzerte genutzt wird. 147 Stufen sind es zur Kuppel der Kirche mit einem der schönsten 360-Grad-Panoramablicke über die Stadt (und direktem Blick auf die Dächer der Kathedrale).

47 [E5] **Chiesa di San Antonio Abate,** Via Roma 203A, geöffnet: Mo–Sa 10–18, So 9.30–12.30 Uhr, Eintritt: 2,50 € (Circuito del Sacro 1,50 €). Der prominent oberhalb der Via Roma stehenden Kirche mit kreuzförmigem Grundriss aus dem 13. Jh. stiftete die Familie Chiaramonte 1302 einen Turm. Auf 78 Stufen (plus die 29 Stufen der Freitreppe hoch zur Kirche) kann man ihn ersteigen. Das Renaissancetabernakel (1551) im heute neugotischen Inneren stammt von Antonino Gagini.

48 [E5] **Chiesa di San Domenico,** Piazza San Domenico 1, Tel. 091 7746442, geöffnet: Kirche Di–Fr 8–13.30, Sa/So 8.30–13.30, 17–19 Uhr, Kreuzgang: Di–Sa 9.30–16.30 Uhr, Eintritt:

frei. Die heutige Barockkirche mit Kreuzgang ersetzte 1640 eine 1448 begonnene Renaissancekirche. Der dreischiffige Baukörper mit seitlich je sieben Kapellen misst 89 x 39 m und gehört zu den größten Sakralgebäuden der Insel. Die Innenausstattung stammt teilweise noch aus dem Vorgängerbau, mitgewirkt haben u. a. Andrea Carrera („Santa Rosalia", um 1670, 2. Kapelle links) und der Enkel von Giacomo Serpotta, Giovan Maria. Die Rokoko-Orgel wurde 1781 eingebaut. Das Gotteshaus dient seit 1853 auch als Pantheon mit Grabstellen, Scheingräbern und Erinnerungsmedaillons verdienter Sizilianer und besitzt einen hübschen Kreuzgang mit Palmen und Bananenstauden.

49 [F6] **Chiesa di San Francesco d'Assisi,** Piazza San Francesco d'Assisi 1, Tel. 091 582370, geöffnet: Mo–Sa 7–11.30, 16–18, So 7–13, 16.30–18 Uhr, Eintritt: frei. Basilika (erbaut 1255–1277) mit einem 1302 angebauten Portal im Chiaramonte-Stil, das die Piazza beherrscht. Kulturhistorisch von besonderer Bedeutung ist das Portal der Mastrantonio-Kapelle (1468/1469) von Francesco Laurana und Pietro de Bonitate, die mit ihm die Renaissance nach Sizilien brachten. Die rechte Chorkapelle stattete Giacomo Serpotta reichlich mit Stuck aus.

50 [dj] **Chiesa di San Giovanni dei Lebbrosi,** Via Salvatore Cappello 38, Tel. 091 475024, www.sangiovannideilebbrosi.arcidiocesi.palermo.it, geöffnet: Mo 16–19, Di–Sa 10–12, 16–19, So 7.30–12.30 Uhr, Eintritt: frei. Die älteste erhaltene Kirche Palermos soll Ruggero I. (am Standort der *yahya* genannten arabischen Burg vor den Stadttoren) gestiftet haben, noch bevor die Normannen Palermo stürmten. Sein Sohn ließ dann das Lepra-Hospital einrichten, das der Kirche ihre Namen gab. Zwei Jahrhunderte später wurde es zum Pesthaus. Die Erzherzogin Maria Karolina von Österreich und Königin von Neapel-Sizilien schloss das Hospital erst 1802 – wegen der erbarmungswürdigen Zustände. Die Basilika besitzt drei Apsiden und eine Vierungskuppel und folgt so der typischen Kirchenkonzeption des normannischen Siziliens. Die Barockisierung wurde 1925 bis 1930 zurückgebaut. Das Tafelkreuz im Inneren stammt aus dem 15. Jh.

51 [D6] **Chiesa di San Giuseppe dei Teatini,** Corso Vittorio Emanuele 311, Tel. 091 331239, geöffnet Mo–Sa 7–12, 16–20, So 7–13, 17–20.30 Uhr,

Die Chiesa di San Domenico an der gleichnamigen Piazza

050pa-fk

Eintritt: frei. Das einzige Kirchengebäude der Quattro Canti versteckt sich hinter der vorgeblendeten Fassade auf der Seite des Albergheria-Viertels, das klassizistische Portal befindet sich am Corso. Die Theatiner ließen die Basilika 1612 bis 1645 errichten und bis Ende des 17. Jh. mit Fresken, polychromen Marmorintarsien, Skulpturen und Stuck ausstatten. Die riesige Unterkirche ist „Maria der Vorsehung" geweiht, die für die Quelle im Seitenhof der Basilika mit der ihr zugesprochenen heilenden Wirkung verantwortlich sein soll. Am Ausgang können Gläubige ihre Spende zweckgebunden in einem der zahllosen, beschrifteten Fächer hinterlassen.

52 [E6] **Chiesa di San Matteo,** Corso Vittorio Emanuele 295, Tel. 091 6118168, geöffnet: tgl. 10–18 Uhr, Eintritt: 2,50 €. Auch wenn einige Stuckaturen der 1632 begonnen Kirche von Giacomo Serpotta stammen, im Halbdunkel des barocken Kircheninneren kann man die Kunstgegenstände (wie den Hauptaltar mit Achat und Lapislazuli von 1798) schlecht betrachten. Unbedingt sollte man aber in die 160 m² große Krypta hinuntersteigen, die eine extravagante Kulisse für die wechselnden Kunstausstellungen und Installationen bietet.

53 [D4] **Oratorio di Santa Caterina d'Alessandria,** Via Monteleone 52, Tel. 3394212314, geöffnet: Di–So 9–13, 15–18 Uhr Eintritt: 2,50 € (Circuito del Sacro 1,50 €). Ab 1589 errichtetes und um 1720 barockisiertes Bruderschafts-Bethaus und heute Konzertsaal mit den Allegorien der Wissenschaften: Astrologie, Dialektik, Ethik, Physik, Geografie, Geometrie, Rhetorik und Theologie (1719–1725 von Procopio Serpotta, dem Sohn Giacomo Serpottas).

54 [G6] **Chiesa di Santa Maria degli Angeli (Gancia),** Via Alloro 13, Tel. 091 6165221, geöffnet: Mo–Sa 9.30–13.30 Uhr, Eintritt: 2,50 €. Spätgotische Kirche vom Ende des 15. Jh., die Teil eines Pilgerhospizes der Franziskaner war. Sie hatten die Genehmigung des Erzbischofs eingeholt, hielten sich aber nicht an dessen Standortvorgabe „vor den Toren der Stadt". Der Bau musste eingestellt,

Links die Admiralskirche 4, *rechts die Kirche San Cataldo* 5

durfte dann aber nach Intervention des Papstes 1508 fortgeführt werden. Noch einmal sorgten die Mönche für Unmut. Sie wollten 1672 die Gruft erweitern, untergruben die Fundamente und brachten das Querschiff zum Einsturz. Der Neubau brachte rechts der Apsis in der Cappella di Nostra Signora di Guadalupe Meisterwerke des Barock in die Kirche: Stuck von Giacomo und Procopio Serpotta und Gemälde von Vincenzo Bongiovanni, Vincenzo da Pavia und Mario di Laurito. In der siebten Kapelle des linken Schiffs wird die meiste Zeit des Jahres der wundertätige Bambinello della Gancia verwahrt (ein gekröntes Büblein im Strahlenkranz). Zur Weihnachtszeit (20.12. bis 6.1.) kommt er per Prozession zu einer Familie im Viertel und bleibt dort für eine Woche – eine große Ehre.

ii55 [D6] **Chiesa di Santa Ninfa dei Crociferi,** Via Maqueda 220, Tel. 091 334838, geöffnet: Mo, Mi, Sa, So 10–20, Di, Fr 10–17, Do 10–19 Uhr, Eintritt: 1.50 € (Circuito del Sacro 1 €). Der Bau der Kirche begann 1601, die Weihe der noch unfertigen Kirche war 1660. Das größte Altargemälde Siziliens (Öl auf Putz) schuf Gioacchino Martorana 1768: Die hl. Nympha (zwischen den Heiligen Agathe, Olivia und Rosalia) huldigt Maria, Josef und der Dreieinigkeit.

ii56 [E7] **Chiesa di Sant'Orsola dei Negri,** Via Maqueda 110, Tel. 091 6162321, geöffnet: Mo–Fr 7.30–11, So 9.30–11 Uhr, Eintritt: frei. Der Eingang zur Kirche (1662) liegt an der Via Maqueda. Am Portal zwischen Gesims und Segmentgiebel grinsen drei Totenköpfe und im Giebel verzehren Flammen eine menschliche Gestalt (als Bekrönung dient ein weiterer Totenschädel). Auch im Inneren erinnern in der Cappella delle Anime Purganti (3. Kapelle im rechten Seitenschiff) zwei lässig-entspannt hingestreckte Stuckskelette (von Giacomo Serpotta) an die Allgegenwärtigkeit des Todes. Die Vereinigung der hl. Ursula, Auftraggeber des Kirchenbaus, hatte es sich zur Aufgabe gemacht, Trauernde zu begleiten. Auch in der Krypta ist noch einmal Serpotta-Stuck zu sehen (über den Bestattungsnischen). In den Katakomben finden immer wieder Ausstellungen statt (dann wird Eintritt verlangt).

ii57 [C6] **Oratorio dei Santi Pietro e Paolo,** Via Matteo Bonello 6A, geöffnet: Sa/So 10–17.30 Uhr. Von Serpotta geschmücktes Bethaus von 1697 hinter dem Diözesan-Museum mit einem prächtigen Barockportal von Paolo Amato.

ii58 [D6] **Oratorio della Carità di San Pietro,** Via Maqueda 206, Tel. 091 2713834, geöffnet: tgl. 10–18 Uhr, Eintritt: 2 €. 1608 wurde das Bethaus errichtet und die barmherzige Bruderschaft San Pietro, die sich um mittellose Priester kümmerte, machte das Gebäude im 18. Jh. zu einem Juwel des Barock: Sie baten den Flamen Guglielmo Borremans, die Fresken zu malen.

ii59 [B8] **Oratorio di San Mercurio,** Cortile S. Giovanni degli Eremiti 2, Tel. 091 6077215, www.ilgeniodipalermo.com, geöffnet: tgl. 10–18 Uhr, Eintritt: 3 € (Circuito del Sacro 2 €, jeweils inkl. Oratorio di San Lorenzo 21). Eine niedrige Treppe führt gleich hinter der Chiesa di San Giovanni degli Eremti zum unscheinbaren Eingang des Oratorio di San Mercurio (1572), das wegen seines zurückhaltenden figürlichen Gipsschmucks, aber auch wegen des Majolikabodens von 1715 einen Blick verdient. Die Stuckierung des Barockkirchleins im Jahr 1678 war der erste bedeutende Auftrag, den Giacomo Serpotta in Palermo erhielt. Mercurius, Soldat und Christ, 251 in Caesarea zu Tode gefoltert, erschien angeblich 363 mit Lanze am Himmel und tötete den Christenfeind Flavius Claudius Julianus – seitdem ist er ein Schutzheiliger der Soldaten.

Kunst unter freiem Himmel

Die unendlich reich geschmückten Fassaden der unzähligen Palazzi, die gotischen und barocken Kirchenportale und die Marmormonumente und figurengeschmückten Brunnen auf den Piazze sind in der Stadt allgegenwärtig. Und wenn eine Mauer leise vor sich hin bröckelt, findet sich sicherlich bald jemand, der mit Farbe vorbeischaut und ein mehr oder weniger kunstvolles Werk hinterlässt.

Palermo ist ein ideales Pflaster für **Graffiti** und Malereien an Mauern und Wänden. Vieles ist verfallen, auch der kleinste Farbklecks trägt zur Erheiterung bei und kalte und leere Giebelwände gewinnen jedenfalls. Zu den arrivierten Größen der Stadtverschönerung mit Angeboten von Hausbesitzern, ihre Wohnblocks zu verschönern, gehören **Rosk&Loste**, die mit fotografisch genauen Großporträts Personen der Zeitgeschichte und Unbekannte an die Mauern bannen, so in der Kalsa **„Giovanni e Paolo“** am Vicolo delle Mura della Lupa (s. S. 53) oder das Model **Bakhita Appigadoo** als Heilige bei der Piazza Magione 23. Gleich daneben hat **Camilla Falsini** im Zuge der Kunstmesse MANIFESTA 2018 eine Giebelwand in dem ihr ganz eigenen Stil mit aus großen geometrischen klaren Farbflächen zusammengesetzten Spielfiguren verschönert.

Im Capo-Viertel hat das in einem Durchgang zum Cortile Ecce Homo an der Piazzetta Saponeria [B/C5] recht gut konservierte Graffiti Berühmtheit erlangt – ein segmentierter Musiker, dessen Kopf Fische entspringen (**„Musicante Marino“** aus dem Jahr 2016 von der Künstlerin Ginevra Giovannoni alias **RAME13**).

Im Stadtteil **Danisinni** (s. S. 31) wurden 2018 Künstler eingeladen, um den sozialen Brennpunkt bei seinen Bemühungen der Erneuerung zu unterstützen. Die Mauern der seit Jahren geschlossenen Schule konnten so verschönert werden und bei der Kirche hat der Argentinier Guido Palmadessa das Graffiti **„Letztes Abendmahl“** beigesteuert.

Ungezählt sind die Graffiti in der Vucciria, von simpler Skizze bis zu ausgearbeiteten Gemälden, kurz hingesprüht oder mit Herzblut erarbeitet, völlig wertneutral oder politisch ambitioniert. Eines ist auf alle Fälle aber klar, überdauern kann keines der Gemälde, entweder wird an eine Giebelwand angebaut oder eine Mauer eingerissen oder einfach mit einem Eimer Farbe für Ordnung gesorgt. Wie betitelte ein Graffitero in der Vucciria sein Bild eines Mönchs (der eine Spraydose in Händen hält)? **„Muro pulito, popolo santo“** („saubere Wand, frommes Volk“).

053pa-fk

◁ *Maritim angehauchte Street-Art*

Palermo für Genießer

Die Sizilianer sind stolz und haben mit der Rückbesinnung auf ihre kulinarischen Traditionen begonnen. Heute findet der Gast in fast allen Lokalen sizilianische Gerichte, von der Hausmannskost in der einfachen Trattoria bis zu Kochkunstwerken in Edelrestaurants. Die Familienrezepte sind vielfältig und die meisten werden von Generation zu Generation weitergegeben und finden sich nicht in Kochbüchern. Wem es gelingt, Kontakt zu den Sizilianern zu knüpfen und privat eingeladen zu werden, dem steht eine besondere kulinarische Reise bevor. Die Alternative ist der Besuch einer der Kochschulen in der Stadt (s. S. 91). Oder man streunt einfach einmal über die Märkte und isst sich durch. Die Straßenverkäufer Palermos sind eine Legende – ebenso wie ihr Streetfood.

Palermos Küche

Punier aus Nordafrika, Griechen vom Peloponnes, römische Legionäre, arabische Eroberer, französische Generäle, spanische Edelmänner, neapolitanische Adlige – alle waren da und haben ihre Spuren auch auf den Speisezetteln Siziliens und Palermos hinterlassen.

Eis brachten die Araber mit und profitierten vom Ätna, von dessen Höhen sie Schnee holen und in den Städten in tiefen Gewölben lagern ließen. Die **Granita** ist heute eine der beliebtesten Erfrischungen in heißen Sommern: pulverisiertes Eis und Zitronensaft, Zucker nach Geschmack. Der Zitronen- und Orangenanbau ist ebenfalls den Arabern zu danken. Auch wer **Süßigkeiten** liebt, kommt voll auf seine Kosten. Viele Rezepte der *dolci* sind arabischen Ursprungs und fußen auf Mandeln, Honig und Milch.

Couscous? Stammt aus Nordafrika! Nudeln entstanden als perfekter Proviant für lange Seereisen aus dem arabischen Raum und als leicht lagerbare Handelswaren. Auch der Knoblauch kommt aus dem Nahen Osten und spanische Schiffe brachten aus dem Fernen Osten die Aubergine. Die Zwiebel kam mit den Franzosen. Olivenbäume führten die Griechen der Antike ein und kultivierten sie auf der Insel.

Gastro- und Nightlife-Areale

Bläulich hervorgehobene Bereiche in den Karten kennzeichnen Gebiete mit einem dichten Angebot an Restaurants, Bars, Klubs, Discos etc.

054pa-fk

△ *Kein Restaurant ohne Meeresgetier*

Als Kornkammer des antiken Rom buk man auch auf Sizilien Weizenteig in der Pfanne zu einem Fladen, der Vorläufer der Pizza. Und die Neapolitaner? Sie verfeinerten den Fladen und führten ihn Ende des 19. Jh. ihrer Königin Margherita vor, die ihm ihren Namen verlieh. Als Pizza Margherita mit Käse, Tomaten und Basilikum – den italienischen Landesfarben – kam er wieder nach Sizilien.

Ein typisches Menü könnte mit der **Vorspeise** *caponata palermitana* beginnen. Dazu werden Auberginenwürfel in Olivenöl gebraten und dann mit kleingeschnittenen Zwiebeln, Sellerie, entkernten Olivenvierteln, enthäuteten Tomaten und Kapern geköchelt. Als Würze dienen Salz, Essig und Zucker, optional sind Basilikum und Pinienkerne oder geröstete Mandeln. Auch ein *insalata di arance e sarde* wäre möglich, ein Orangen-Sardinen-Salat. Als **Nudelgericht** käme eine *pasta con le sarde* in Frage (Spaghetti mit in Öl, Zwiebeln und Knoblauch gebratenen Sardinen, Pinienkernen und Fenchelgrün) oder im Ofen mit Mozzarella überbackene *anelletti al forno* mit Fleischsoße, gehackten Tomaten und Erbsen. Die ringförmigen kleinen *anelletti* gelten als typischste sizilianische Nudelform. Unüblicher ist *purpiceddi murati,* gekochte Babykrake in würziger Tomatensoße. Als **Hauptspeise** sollte man zumindest einmal *sarde a beccafico alla palermitana* gegessen haben, mit Semmelbrösel, Knoblauch, Petersilie, Pinienkernen und Rosinen gefüllte, gerollte, auf Spieße gesteckte und gebackene Sardinen. *Carne allo sfincione* ist ebenfalls ein palermitanischer Klassiker. In Scheiben geschnittene, im Ofen mit Olivenöl weichgedünstete Zwiebeln werden mit gehackten Tomaten bedeckt, mit Oregano, Salz und Pfeffer gewürzt und über ein in Semmelbröseln gewälztes Steak gegeben. Manchmal wird auch mit dem Käse Caciocavallo oder Sardellenfilets verfeinert.

Als **Nachtisch** muss dann ein *cannolo* sein, ein mit Ricotta gefülltes Teigröllchen, oder *cassata siciliana,* das Dessert Siziliens schlechthin: eine von Marzipan umhüllte Kalorienbombe aus Biskuitteig, Ricottacreme, kandierten Früchten, Likör und Sahne.

Jede Menge Leckereien: Mittagessen auf dem Mercato del Capo 39

Streetfood

Ohne *cibo di strada* – das sizilianische Streetfood – wäre Palermo nicht Palermo. Einer der gewöhnungsbedürftigeren Straßensnacks heißt auf Sizilianisch **pani câ mèusa** (italienisch: *panino con la milza).* Die Einheimischen lieben die **mit Milz belegten Brötchen** innig und umlagern die Straßenstände der fliegenden Händler. Das Rezept des ursprünglichen Arme-Leute-Gerichts ist denkbar einfach: Rindermilz und -lunge kurz kochen, in Scheiben schneiden, in Schweineschmalz frittieren, mit Salz und Pfeffer würzen und zwischen zwei weiche Semmelhälften packen. Als *maritatu* („verheiratet") ist das Brötchen noch zusätzlich mit Käse belegt, „unverheiratet" bestellt man es sich als *schettu.* Wer einmal davon gekostet hat, so heißt es, kommt nicht mehr davon los. Auch **frittula** mag nicht jedermanns Sache sein. Geeignet ist alles, was der Metzger so übrig hat (Innereien, Knorpel, Sehnen, Fett, Füße, Nasen, Ohren). Es wird gekocht, frittiert, in Papiertütchen oder einem weichen Brötchen an den Mann/die Frau gebracht und heiß verspeist. Ebenfalls „hardcore" klingt die Zubereitung von **stigghiole:** gewässerter Darm vom Kalb oder Lamm umwickelt in einer engen Spirale einen Bund aus Frühlingszwiebeln und Petersilienstängeln. Letztlich ist es aber nichts anderes als eine „vegetarische" Wurst mit Naturdarmhülle. Werden die Därme auf einen Spieß gewickelt und nicht gegrillt, sondern mit Sellerie, Zwiebeln und Karotten gekocht, heißt das Ganze *quarùmi.*

Die **arancini** sind dann mit mitteleuropäischen Erfahrungswelten hochkompatibel und eine richtiggehende Erholung. Die panierten und frittierten Reisbällchen liegen mit unterschiedlichen Füllungen in den Theken: Käse, Fleisch, Gemüse. Am beliebtesten ist die Farce aus Hackfleisch, Speck, Erbsen, Tomaten und Zwiebeln, aber der Fantasie (und dem im Kühlschrank Verfügbaren) sind keine Grenzen gesetzt. Ist die Füllung von einem mit Eiern angereicherten Hefeteig umhüllt, heißt das Ganze *ravazzata.*

Nordafrikanischen Ursprungs sind die **panelle,** in Öl gebackene Teigfladen (Kichererbsenmehl und Wasser, gewürzt mit Salz, Pfeffer und Petersilie). Traditionell isst man sie als Brotbelag mit einem Spritzer Zitrone: *pane e panelle.* **Focaccia** ist ein mit Salz gewürzter und Olivenöl bestrichener Hefeteigfladen, in den Olivenstücke und Käse eingebacken sein

056pa-fk

▷ *Käse und Würste auf dem Markt von Ballarò* 16

Trinkwasser

Das **Leitungswasser** in Palermo wird regelmäßig kontrolliert und sollte EU-Kriterien genügen, dennoch ist es kein Quellwasser und kann geschmacklich etwas abfallen. Wer ganz sichergehen will, kauft sich abgefülltes Trinkwasser, das günstig und auch in großen Gebinden überall erhältlich ist.

Vegetarisches/Veganes

Auf der einen Seite ist Sizilien, wie ganz Italien, für Vegetarier oder Veganer eher unpraktisch. Zu sehr lieben die Sizilianer ihre Wurst, ihre Fleisch- und Fischgerichte, weshalb viele Lokale, die sich auf rein Vegetarisches spezialisieren, voller Elan eröffnen, aber bald wieder schließen müssen. Auf der anderen Seite bietet die Inselküche aber auch eine ganze Palette an Gerichten, die ohne Fisch oder Fleisch auskommen: **Pasta** mit unterschiedlicher Soße beispielsweise, die köstlichen **Antipasti-Teller** voller frittierter und eingelegter Gemüsearten, **Süßigkeiten** aus Mandeln und Honig und natürlich die **Pizza,** die man immer und überall mit einem Belag bestellen kann, der die eigenen Bedürfnisse treffen sollte. Und schließlich ist auch die Tomate auf Sizilien allgegenwärtig und perfekt als Basis für **Salate.**

Coperto und Trinkgeld

Fast alle Restaurants verlangen eine Gedeckgebühr, das sogenannt **coperto** (1,50–5 €, je nach Restaurantklasse, Brot ist enthalten). Die Höhe ist auf der Speisekarte ausgewiesen.

In seltenen Fällen steht auf der Speisekarte, dass das **Trinkgeld** *(servizio)* in den Beträgen der Speisekarte nicht enthalten und abschließend hinzuzurechnen ist. In der Regel sind die Preise aber inklusvie der Servicegebühr. Ein zusätzliches Trinkgeld in Höhe von 5 bis 10 % des Rechnungsbetrags gehört sich dennoch. Man lässt es bei Verlassen des Lokals auf dem Tisch liegen.

können. In der einen oder anderen Art kommt er in ganz Italien vor, als *sfincione palermitano,* wie eine Pizza mit Tomatensoße, dem Käse Caciocavallo und der einen oder anderen Zutat wie Sardellen belegt, ist er aber eine Spezialität Palermos. Wenn man den rohen Teig in Fladenform bringt, frittiert, belegt und abschließend bäckt, hat man einen *sfincionello.* Vegan sind die frittierten **cardi,** ein längliches Distelgewächs. Sie erinnern in Geschmack und Konsistenz an Artischockenböden.

Bei so viel Braten und Frittieren bleiben natürlich immer Reste in Pfannen und Fritteusen. Wegwerfen? Nie im Leben! Also wird alles zusammengekratzt, mit Mehl oder Kartoffeln ein neuer Teig zusammengeknetet, zu Kroketten geformt, frittiert und als **rascatura** verkauft! Wollen die Einheimischen Kroketten aus reinem Kartoffelteig, dann bestellen sie **crocchè.**

Tüten mit frittierten Ringen und Tentakeln von Kalmaren (**calamari**) sind schon selbstverständlich. Als **fritturiedda** teilen sie sich ihren provisorischen Aufenthaltsort mit Sardellen und Garnelen. Die *purpari,* die fliegenden „Fischhändler" auf den Märkten, verkaufen außerdem mit einem Spritzer Zitrone gewürzte Seeigel (zum roh Schlucken) und in Salzwasser gekochten Tintenfisch (die mit den Tentakeln voran ins kochende Wasser kommen, damit diese sich anständig locken). Auch hier ist Zitrone der einzige Helfer.

Und zum **Dessert** dann **cannoli:** Die frittierten Teigröllchen enthalten eine Mischung aus Ricotta und Vanille und/oder Schokolade, kandierten Früchten, Mandeln, Pistazien .... Oder man holt sich die ebenfalls extrem kalorienlastigen und ebenso köstlichen Teilchen aus Mandeln, Zucker und Honig, z. B. im Laden des Klosters Santa Caterina 3.

Restaurants, Osterien, Trattorien

60 [F6] **Antica Focacceria San Francesco** €€-€€€, Via Alessandro Paternostro 58, Tel. 091 320264, www.anticafocacceria.it, geöffnet: tgl. 11–23 Uhr (Winter Mo geschl.). Hier isst man z. B. *pasta con le sarde* und danach Schwertfisch nach Pantellerìa-Art (mit Kapern). Im Restaurant herrscht Jugendstil vor und die Tische an den Ecken der Piazza sind mittags und abends immer gut besucht. Die Focacceria hat Tradition, auch wenn sie sich per Franchising vermehrt.

61 [F6] **Bar/Ristorante Scolapasta** €-€€, Via Alessandro Paternostro 49/51, Tel. 3408341482, www.facebook.com/scolapastapalermo, geöffnet: Di 19–23, Mi–So 13–15.30, 19–23.30 Uhr. In der „Nudelschule“ an der Piazzetta mit Freisitz ist die Pasta natürlich selbst gemacht, aber die kleine Karte listet auch Fisch und Fleisch. Außer dem Essen sind auch Cocktails und Musik wichtig (live oder vom DJ), also: Restaurant, Bar, Musikkneipe.

62 [D6] **Bistrorante I Cucci** €€-€€€, Piazza Bologni 3, Tel. 091 7477151, www.icuccibistrorante.it, geöffnet: tgl. 8–24 Uhr. Die Lage an der Piazza zwischen Quattro Canti und Palazzo Reale drückt sich immer im Preis aus – dafür kommt aber auch gute Qualität mit einem kleinen Kick auf die Teller.

63 [bg] **Caffetteria/Bar Villa Zito** €€, Via della Libertà 50, Tel. 091 6254825, www.villazito.it, geöffnet: tgl. 10–22 Uhr. Restaurant-Lounge, Bar und Caffetteria in der Pinakothek mit Gerichten wie *baccalà* (Stockfisch) oder *caponata.* Ausgezeichnet auch für den Aperitif oder den späteren Cocktail zwischen Kunst im Inneren oder im kleinen Garten.

64 [E5] **Casa del Brodo** €€, Corso Vittorio Emanuele175, Tel. 091 321655, www.casadelbrodo.it, geöffnet: Mi–Mo 12.30–15, 19.30–23 Uhr. Seit 1890 bestehender Familienbetrieb. Sizilianische Fleisch- und Fischküche zu leicht gehobenen Preisen in zwei mit eng gestellten Tischen recht vollen Gasträumen.

65 [D4] **Focacceria & Trattoria Basile** €€, Via Bara all'Olivella 76, Tel. 091 335628, www.facebook.com/TrattoriaBasile, geöffnet: Mo–Sa 12–15.30 Uhr. Ein besonders mittags von Einheimischen aufgesuchtes, einfaches Lokal mit Selbstbedienung (Tickets kaufen!), schön und originell. Zu essen gibt es Typisches wie Milz auf der Semmel oder *arancini,* die frittierten Reisbällchen. Auf der Tageskarte finden sich immer mindestens zwei Pastagerichte.

› **Gam Café Restaurant** €€, in der Galeria d'Arte Moderna 20, geöffnet: Di–So 9.30–18.30 Uhr. Das Café-Restaurant der Galerie für moderne Kunst ist keine *caffetteria* im üblichen Sinn. Es richtet sich an Kunstsinnige, die auch dem leiblichen Wohl mit gutem Essen und Weinen nicht abgeneigt sind. Verfeinerte lokale Rezepte, lokale Lieferanten und

Preiskategorien

Die Preiskategorien beziehen sich auf ein Hauptgericht ohne Getränke.

€	bis 10 €
€€	10–20 €
€€€	ab 20 €

Kreuzgang-Atmosphäre sind die Standbeine. Beliebt: der Sonntagsbrunch.

66 [C5] **L'Acerba Osteria Dinamica** €€, Piazzetta della Saponeria, Tel. 091 6209084, geöffnet: Di–Sa 11–24, So 12–17 Uhr. Nicht gerade das, was man in dieser Capo-Ecke erwartet, aber auch nicht völlig abgehoben, eher jung und frisch als edel. Die Karte ist überschaubar, die Pasta (mit Kastanienragout) selbstgemacht, der Krakententakel optisch nicht jedermanns Sache, aber butterweich, und das Bier aus der Craftbeer-Brauerei. Zugabe: Musik vom Plattenteller, einige Polstermöbel, gut gemixte Cocktails und Sonntagsbrunch.

67 [B5] **Le Angeliche** €€, Vicolo Abbadia 10, Tel. 091 6157095, www.leangeliche.it, geöffnet: Mo 12–15, Di–Do 9–15, Fr/Sa 9–23 Uhr. Die Angelikas sind jung, einfallsreich, ausgezeichnete Köchinnen, stilvolle Raumgestalterinnen (der überschaubaren Gasträume und des Hinterhofs) und begnadete Pâtissières: Wer nach mit Fisch gefüllten Ravioli, Anchovis auf Zucchini-Auberginen-Spalten oder Fischsuppe auf die Nachspeisen verzichtet, ist schlicht verrückt.

68 [G5] **Le Cattive** €€€, Passeggiata delle Cattive, Tel. 091 6198374, www.lecattive.it, geöffnet: Di 17.30–24, Mi–So 12–15, 18–24 Uhr. Adel verpflichtet und im Palazzo Butera haben es sich über die Jahrhunderte so einige Celebrities gutgehen lassen. Schick-modern gibt man sich heute und die aufwendig arrangierten sizilianischen Gerichte betören Auge, Nase und Gaumen. Dazu gibt es beste Weine. Für den Aperitif auf der Terrasse mit Blick auf das Meer darf man ab 18 Uhr kommen und nach dem Essen geht es mit Cocktails weiter.

69 [D3] **Osteria Lo Bianco** €-€€, Via E. Amari 104, Tel. 091 2514906, www.facebook.com/osterialobianco.amari, geöffnet: tgl. 12.30–15.30, 19–23 Uhr. Angenehmes, familiäres Lokal. Kleine Karte mit typischer Hausmannskost. Fisch-, Fleisch- und Gemüsegerichte. Wird gern zur Mittagspause aufgesucht, nicht nur wegen der Preise, sondern auch wegen des schnellen und bestimmten Personals.

70 [E4] **Osteria Mangia e Bevi** €€, Largo Cavalieri di Malta 18, Tel. 091 5073943, www.osteriamangiaebevi.it, geöffnet: Di–So 13–15, 20–23 Uhr. Die Schlangen sind lang, das Essen (nach alten Rezepten: beispielsweise *purpiceddi murati* – gekochter Tintenfisch in Tomatensoße) ist aber lecker und der Freisitz an der Piazza einfach schön. Nur beim Service ist etwas Luft nach oben.

71 [E5] **Osteria Pantelleria** €€, Via Pantelleria 28, Tel. 091 586595, geöffnet: Do–Di 11.30–15, 19.30–23 Uhr. Auf der Terrasse des Pantelleria oder in seinem gemütlichen Inneren in einem Palazzo aus dem 15. Jh. serviert engagiertes Personal sehr gute, feine sizilianische Küche.

72 [D7] **Osteria Santa Marina** €-€€, Piazzetta Pietro Speciale 5, Tel. 3803142335, geöffnet: Di–Sa 18.30–24, So 12–15.30 Uhr. Die marokkanische Küche der Osteria hat auf der Piazzetta ihren festen Platz. Schneller und ausnehmend freundlicher Service, gutes, frisches Essen mit nordafrikanischem Einschlag und Blick auf „Palermo, wie es war und bleiben sollte" (bewundern Sie die Fassade des Palazzo Raffadali von 1468). Vegetarische Gerichte wie Couscous und Tajine listet eine eigene Karte.

73 [D6] **Plaza Pretoria** €, Discesa dei Musici, Ecke Corso Vittorio Emanuele 298, Tel. 3921804879, www.plazapretoria.it, geöffnet: Do–Di 9–23 Uhr. *Antipasti, primi* und *secondi*, Süßes und Herzhaftes, Bier, Wein und Limonade in heller Atmosphäre. Es gibt fast nichts, was es nicht gibt. Alles wird umgehend serviert und an schmalen Wandtischen verputzt, mit unverstelltem Blick durch

057pa-fk

Die Osteria Santa Marina bietet Essen mit nordafrikanischem Einschlag

die großen Fenster auf die Flaneure am Corso.

74 [G6] **Quattro Mani** €€€, Via Francesco Riso 3, Tel. 091 6165046, www.ristorantequattromani.com, geöffnet: Di–So 19–23.30, Fr–So auch 12.30–14.30 Uhr. Hohe Hallen, weiße Wände, klare Kanten – die „Vier Hände“ sind edel, kaufen regional nach Ökorichtlinien ein, kochen mit Anspruch die Standards (und Spezielles wie Fisch-Couscous) und das Angebot des Weinkellers ist groß.

75 [E5] **Ristorante Buatta Cucina Popolana** €€-€€€, Via Vittorio Emanuele 176, Tel. 091 322378, www.facebook.com/buattapalermo, geöffnet: tgl. 13–15, 19.30–23.30 Uhr. Sizilianische Rezepte auf sehr hohem Niveau ausgeführt und im Jugendstilambiente serviert. Wer will, kann sich hier auch sizilianisches Streetfood am Tisch servieren lassen (natürlich nicht zu Straßenpreisen).

76 [D3] **Ristorante Il Mirto e la Rosa** €€, Via Principe di Granatelli 30, Tel. 091 324353, www.ilmirtoelarosa.com, geöffnet: Mo–Sa 12–15, 19–23 Uhr (Aug. geschl.). Seit 1987 wird hier in eleganter Atmosphäre (auch) fleischlos gekocht und dabei akribisch auf beste Qualität der Zutaten geachtet. Auf der Karte gibt es auch das eine oder andere Fisch- und Fleischgericht, doch Vegetarier werden immer fündig. Couscous gibt es natürlich auch in der Gemüseversion.

77 [D7] **Ristorante Moltivolti** €€, Via Giuseppe Mario Puglia 21, Tel. 091 2710285, www.moltivolti.org, Mo–Fr 8.30–24, Sa/So 9–24 Uhr. Hier treffen Hipster und Kulturadel auf den Schwarzen Kontinent: Die Initiative (das Restaurant ist nur ein Projekt) zur Integration von Flüchtlingen bietet gutes Essen. Die Stimmung euphorisch und das Ambiente „bunt“. Es gibt Frühstück, Lunch und Abendessen mit Rezepten von Nord nach Süd.

78 [D3] **Ristorante Oste dello Stabile** €€, Via Mariano Stabile 39, Tel. 091 322491, www.facebook.com/ostedellostabilepalermo, geöffnet: Di–So 12.30–15, 19.30–23 Uhr. Ausgezeichnete Fischküche, die hohen Ansprüchen gerecht wird. Das sehr moderne Ambiente muss man aber mögen.

79 [E4] **Ristorante Palazzo Branciforte** €€€, Via Bara all'Olivella 2, Tel. 091 321748, www.ristorantepalazzobranciforte.it, geöffnet: tgl. 12–15, 19–23 Uhr. Minimale Einrichtung, moderne, bequeme Stühle, an den Wänden Kunst, in den Vitrinen archäologische Funde und auf dem Tisch eine exquisite, jungfrische Interpretation sizilianischer Rezepte. Das Degustationsmenü ist immer eine Empfehlung.

80 [bf] **Ristorante Verdechiaro** €€, Piazza Leoni 5, Tel. 091 2525291, www.facebook.com/VerdechiaroPalermo, geöffnet: Di–So 10–15.30, Di–Sa auch 17–23.45 Uhr. Vegetarisches (auch vegane Gerichte) aus Bioprodukten von lokalen Produzenten, aber auch Fleisch- und Fischgerichte. Moderne, ungezwungene Atmosphäre.

81 [F6] **Ristorantino Palazzo Sambuca** €€-€€€, Via Alloro 26, Tel. 091 5076794, geöffnet: Mo–Sa 12–23 Uhr. Familienbetrieb in elegant-zurückhaltendem Design. Hier sollte man das sorgfältig zubereitete Meeresgetier bestellen (die Calamari als Eintopf sind wie die Sardellentörtchen und die Schwertfisch-Rouladen ein Gedicht).

82 [A6] **Trattoria Ai Cascinari** €€, Via d'Ossuna 43, Tel. 091 6519804, geöffnet: Mi–So 12.30–15.30, 20–22 Uhr. Sehr gut zubereitete, traditionelle sizilianische Küche in manchmal etwas hektischer Atmosphäre. Dafür speist man in authentischem Ambiente einer Familientrattoria, in die die Bewohner des Viertels gehen.

83 [D5] **Trattoria Al Vecchio Club Rosanero** €-€€, Vicolo Caldomai 18, Tel. 091 2511234, geöffnet: Mo–Sa 13–15.30, Do–Sa auch 20–23 Uhr. Wer sehr hungrig ist und sich günstig über große Portionen hermachen will, ist bei Rosanero genau richtig. Nachbarschaftslokal in der Kalsa mit einem Ruf wie Donnerhall – gemütlich, lecker und rustikal.

84 [E5] **Trattoria Ferro di Cavallo** €€, Via Venezia 20, Tel. 091 331835, www.ferrodicavallopalermo.it, geöffnet: Mo–Sa 12–14.45, Mi–Sa auch 19–22.45 Uhr. Entlang des abgesenkten Bürgersteigs und im rustikalen Gastraum ist es immer brechend voll. Die Karte ist auf die Papiertischdecken gedruckt und die leckeren Gerichte sind für die hohe Qualität wirklich sensationell günstig – aus folgendem Grund: extrem schnelle Abfertigung und kein Ort zum Verweilen. Die neuen Gäste warten schon.

85 [D7] **Trattoria Il Bersagliere** €, Via S. Nicolò All'Albergheria 38, Tel. 3331263444, geöffnet: Mo–Sa 12–15, Do–Sa auch 19–22 Uhr. Unaufgeregtes Lokal für die Einheimischen mit handfester Hausmannskost zu sehr erträglichen Preisen an einfachen Tischen und zwischen gefliesten Wänden. Die Nähe zum Ballarò sorgt für viel Betrieb (und natürlich „Authentizität").

86 [F5] **Trattoria La Cambusa** €€-€€€, Piazza Marina 16, Tel. 091 584574, www.lacambusa.it, geöffnet: Di–Sa 18–23, So 12.30–15, 19.30–23 Uhr. Ins Cambusa geht man, wenn man Fisch essen und dabei nicht arm werden will. Freisitz und überschaubarer Gastraum. Das Vorspeisenbuffet ist legendär.

87 [G6] **Trattoria Torremuzza** €€, Via Torremuzza 21, Tel. 091 7666616, geöffnet: tgl. 10–15, 19–23 Uhr. Kein Einheimischenlokal und keine Touristenfalle, einfach eine Gaststätte, in die jeder geht und nichts Besonderes erwartet, außer relativ günstiges Essen in ausreichender Qualität (festes Menü für rund 20 € mit einem Wein).

Pizzerien

89 [E6] **Antica Birreria Peroni** €€, Via Vittorio Emanuele 198, Tel. 091 7659117, www.facebook.com/AnticaBirreriaPeroni, geöffnet: tgl. 12.30–15.30, 19–24 Uhr. Pizzeria und Trattoria mitten im Zentrum mit bunter, gemütlicher Einrichtung, schnellem Service und feinen Pizzen.

90 [E6] **Antica Pizzeria Bellini** €-€€€, Piazza Bellini 6, Tel. 091 6165691, geöffnet: Mo–Fr 11.30–22, Sa/So 13–22 Uhr. Schöner kann man abends in der ganzen Stadt nicht sitzen. Pizza auf dem großen Platz mit Blick auf die Barockkirchen: Die älteste Pizzeria Palermos (1955) hat auch andere Gerichte im Angebot – hierher kommt man aber vor allem wegen der herausragenden Lage.

91 [E5] **Funnaco PizzaLab** €-€€, Via Pantelleria 19, Tel. 091 2755021, www.funnaco.it, geöffnet: Di–So 19.30–23.30 Uhr. In diesem einfach-eleganten

Lokal wählt man aus vier verschiedenen Teigsorten aus (die nicht nur unterschiedlich aufgehen) und entscheidet sich dann für seinen Lieblingsbelag (Beratung ist Trumpf). Pizzabacken unter Laborbedingungen mit jungem, engagiertem Personal.

92 [F6] **Pizza Gourmet A'nica** €-€€€, Via Alloro 135, Tel. 091 9826011, www.facebook.com/anicaristorante, geöffnet: Di–So 12–15, 19–23 Uhr. Hier an der kleinen Piazzetta gibt es nicht nur Pizza (die aber sehr lecker ist). Angenehmes Sitzen in der Hauptgasse der Kalsa, aber auch (wenn es kühler ist) im modern möblierten Lokal mit seinen großen Fenstern.

93 [G6] **Pizzeria Arte e Tradizione** €, Via Santa Teresa 2, Tel. 091 252451, www.facebook.com/arteetradizione, geöffnet: Di–So 18–23 Uhr. Ein bisschen Grün, eine Mauer und Rasenflecken, fertig ist der Freisitz. Pizzeria mit „akademischem" Anspruch (Akademie der Pizzabäcker). Als Dessert gibt es Nutella-Pizza.

94 [D5] **Pizzeria Frida** €-€€, Piazza Sant'Onofrio 37, Tel. 091 5505440, www.fridapizzeria.it, geöffnet: Mi–Mo 19.30–24 Uhr. Wenn aufgemacht wird, sitzen manchmal schon Gäste mit besseren Beziehungen im Lokal. Ansonsten gibt es am Wochenende lange Schlangen, schließlich soll es hier – wie die Leute im Viertel sagen – die beste Pizza Palermos geben.

95 [D4] **Pizzeria Italia** €-€€, Via Orologio 54, Tel. 091 589885, www.facebook.com/pizzeriaitaliapalermo1949, geöffnet: Mi–Mo 17.30–23.30 Uhr. Die Pizza in neapolitanischem Stil kommt aus dem Holzofen und das auch nur abends. Empfehlung, wenn man hier is(s)t: Pizza Palermitana mit Anchovis, Pinienkernen, Käse, Öl und natürlich Brotkrumen. Am schönsten sitzt man in der Gasse.

96 [F5] **Pizzeria/Rosticceria Pelledoca** €-€€, Piazza Marina 32, Tel. 091 588426, geöffnet: Mi–Mo 19–24 Uhr. Großer Freisitz an der Piazza, der im Sommer immer proppenvoll ist mit Leuten, die Pizza und Grillhühnchen in lockerer Atmosphäre verputzen wollen.

97 [E6] **Pizzeria/Trattoria Il Pipino Rosso** €-€€, Salta San Antonia 7, Tel. 091 587615, geöffnet: tgl. 12–15, 18.30–23 Uhr (dienstagabends geschl.). In versteckter Lage mit mehreren kleinen Räumen auf verschiedenen Ebenen und einer kleinen Hinterhofterrasse. Einfache, gemütliche Einrichtung ohne Chichi, nettes Personal und relativ günstige Pizza und weitere Gerichte in guten Portionen. Hierher kommen viele Einheimische.

MEIN TIPP

Kochkurse

„Kochen mit der Herzogin", lautet das Motto und es ist ein Tagesereignis. Wo? Im **Palazzo Lanza Tomasi** von Prinz Giuseppe Tomasi di Lampedusa (1896–1957). Bevor es an den Herd geht, kauft man aber erst mit der heutigen Besitzerin, der Duchessa (Herzogin) di Palma, am Capo-Markt ein und sammelt Kräuter im Terrassengarten des Palastes. Das Essen servieren dann Hände in weißen Handschuhen und zum Abschluss gibt es noch eine Führung durch die Säle.

Bei **Mamma Corleone** – die nicht wirklich eine Mamma ist – bereitet man ebenfalls ein typisches sizilianisches Menü zu – z. B. *caponata,* Makrele in Panade und eine Creme aus Milch und Pistazien *(biancomangiare).*

› **Palazzo Lanza Tomasi** (Apartamenti Butera 28, s. S. 127), Tel. 3333165432, www.butera28.it, Kochkurs um 150 €/Person

•88 [C7] **Mamma Corleone,** Vicolo Carini 8, Tel. 3804768397, www.mammacorleone.com, Kochkurs ab 85 €/Person

Vegetarische und vegane Küche

98 [C2] **Ristorante Haiku** €€, Via Ricasoli 30, Tel. 091 585269, www.haikupalermo.it, geöffnet: Di–So 13–15.30, 17–23.30 Uhr. Sehr gute makrobiotische, vegane Küche mit Einfallsreichtum und perfektem Arrangement. Engagiertes Personal. Im von Holz und Stein geprägten Gastraum sitzt man sehr angenehm.

99 [af] **Spinno food & smiles** €-€€, Via Marche 12/14, Tel. 091 519070, www.spinno.org, geöffnet: Di–Sa 12.30–15.30, 19.30–22.30, So 12.30–15.30 Uhr. Kleines vegetarisches Bistro nördlich des Zentrums, das auch eine gute Auswahl an veganen Speisen bietet.

Streetfood

100 [E5] **Bottega del Principe** €, Discesa dei Maccherronai 37, Tel. 3426581722, geöffnet: Mo–Sa 10–24 Uhr. Auf Kinderstühlen an Tischen aus Obstkisten gibt es schnelles und leckeres „Fastfood“ wie die Pizza-Abart *sfincione* (mit Pecorino statt Mozzarella) oder *arancini* mit Pilzen, Speck, Spinat, Käse ...

Ohne eingelegte Oliven geht auf Sizilien gar nichts

058pa-fk

101 [E8] **Briò Market** €, Via Gian Filippo Ingrassia 48 (Piazza del Carmine), www.facebook.com/BRIOMARKETNAPOLI, geöffnet: Mo–Sa 7–20, So 7–14 Uhr. Draußen kauft man ein und wer belegte Brötchen will, geht hinein und bestellt am Tresen. Man sollte den Vorschlägen für den Belag folgen – nicht jede Wurst passt zu jedem Käse. Gegessen wird unter der Markise an schmalen Tischen auf schmalen Bänken (zur Mittagszeit hat man keine Chance, einen Platz zu ergattern).

102 [B5] **Fish M Chips** €, Via Porta Carini 62, Tel. 3471172322, www.facebook.com/Fishmchipspalermo, geöffnet: tgl. 10.30–15.30, Do–Sa auch 19.30–23.30 Uhr. Frittierte *calamari* oder Fischchen aus der Papiertüte für den Weg und Miesmuscheln, *caponata* oder Garnelen am Tisch – mitten im Capo-Geschehen fühlt man sich angekommen.

103 [B8] **Focacceria San Giovanni degli Eremiti** €, Vicolo San Mercurio 41, Tel. 3209613921, geöffnet: tgl. 8–23 Uhr. Warm oder kalt belegte Brötchen, Pizza oder Pasta an einer der Straßen Palermos, die noch nicht gentrifiziert sind: authentisches Leben mit Wäsche an den Fenstern und schnellem, günstigen Essen am Plastiktisch.

104 [A7] **Focacceria Testagrossa** €, Corso Calatafimi 91, Tel. 091 426777, geöffnet: tgl. 7.15–23 Uhr. *Focacce, arancini* und *panelle* oder eben Milzbrötchen – der typischste „Snack“ Palermos. Das Lokal und sein Straßenverkauf sind eine Institution und nichts für Ruhesuchende: Morgens, mittags und abends wird gedrängelt, um etwas zu ergattern.

105 [F5] **Nni Franco U' Vastiddaru** €, Corso Vittorio Emanuele 102, Tel. 091

325987, geöffnet: tgl. 9–24 Uhr. Traditionsadresse für das Milzbrötchen und die *arancini* auf die Hand oder am Tisch – so gut, dass abends immer einer Traube Menschen davor steht.

106 [F5] **Panineria/Birreria Fazio** €, Via Chiavettieri 24, Tel. 091 7790447, geöffnet: Do/So 10–1.30, Fr/Sa 10–4.30, Mo 10–23, Di/Mi 10–24 Uhr. Panini, Piadine oder Pasta gibt es hier in der Vucciria am Wochenende bis in den frühen Morgen. Und damit Geld für Bier und Wein bleibt, kostet das Menü mit belegter Semmel, Pommes und Getränk nur 5 €.

107 [C2] **Pan x Focaccia** €, Via Isidoro la Lumia 74, Tel. 091 5079024, www.facebook.com/gastronomiaPANxFOCACCIA, geöffnet: tgl. 12–16.30, 19–0.30 Uhr. „Gourmet-Sandwiches" in riesiger Auswahl und auch für Vegetarier – zum Mitnehmen oder vor Ort Essen.

108 [E6] **Passami ù Coppu** €, Via Roma 195, Tel. 091 584498, www.facebook.com/passamiucoppu, geöffnet: Mo–Do 7–24, Fr 7–3, Sa 7–4, So 9–24 Uhr. Die etwas „weichgespülte" Variation des sizilianischen Streetfoods erfreut besonders US-amerikanische Herzen und Mägen.

109 [B5] **Sit & mancia** €, Via Porta Carini 63, Tel. 3282583959, www.facebook.com/sitemancia, geöffnet: tgl. 10–15.30, Mi–So auch 19–24 Uhr. Tagsüber ist es ein Stand am Capo-Markt mit einer gigantischen Auslage an Platten voller Köstlichem (vom eingelegten Gemüse bis zur Grillwurst) für „auf die Hand" oder an ein paar Tischen hinter dem Tresen, abends eine Kneipe mit einem Vorspeisenbuffet. Ein von Dachspatzen gepfiffener „Geheimtipp", dennoch eine unbedingte Empfehlung.

059pa-fk

Und natürlich darf auf keinem Tisch zum Abschluss Obst fehlen

Cafés, Bars

110 [D7] **Antica Caffetteria di Maria Agata,** Piazza Ballarò 29/Giardino Peppe Schiera, Tel. 091 6161616, geöffnet: tgl. 6–19 Uhr. Die Zeit ist hier stehen geblieben. Trotz oder gerade wegen des hektischen Markttreibens direkt vor der Nase hat man alle Zeit der Welt: ein Kaffee, ein Eis, eine Limonade und am Tisch auf der winzigen Piazza den Marktschreiern lauschen.

111 [G6] **Bar/Caffe Casa Obatalà,** Via Alloro 16, Tel. 091 7920341, geöffnet: Mo–Sa 6.30–20 Uhr. Café-Bar für den Kaffee mit Hörnchen zu früher Stunde, unaufgeregte Lunchangebote im Schirmschatten auf der Piazzetta und einen Sprizz zur Dämmerung.

› **Café Culture Concept Store,** im Museo Archeologico Salinas 36, https://palermo.cultureconceptstore.it, geöffnet: Di–Fr 9–18, So 9–13.30, Sa 9–24 Uhr. Im Kreuzgang des Archäologischen Museums mit Buchladen und Begegnungsstätte sitzt man einzigartig exklusiv, trinkt Kaffee und verspeist Gebäck.

Samstags finden häufig Konzerte statt, dann geht es bis 24 Uhr.

112 [E6] **Café Latino,** Corso Vittorio Emanuele 276, Tel. 091 580910, geöffnet: Mo–Sa 6.30–20.30, So 8–20.30 Uhr. Klassisches Kaffeehaus, in dem sich nachmittags die Herren treffen, um Klatsch auszutauschen und die politische Situation zu diskutieren. Und das Süße ist auch hervorragend.

113 [E6] **Casa Stagnitta,** Discesa dei Giudici 46, Tel. 091 6172819, geöffnet: Mo–Sa 6–19 Uhr. Eis, Granita, Kuchen und Kaffeespezialitäten, von denen man (wahrscheinlich) noch nie gehört hat – darunter der nicht unumstrittene Kopi Luwak aus Indonesien, der sogenannte „Katzenkaffee".

114 [G6] **Cioccolateria Lorenzo,** Via IV Aprile 7, Tel. 091 549486, geöffnet: Di–Fr 8.30–20, Sa 9.30–20, So 9–13.30, 16–20 Uhr. Das wahrscheinlich charmanteste „Kaffeehaus" Palermos hat einen kleinen Innenhof, ausgezeichneten Cappuccino, Schokolade und Kuchen – und das Tiramisu macht jeden verrückt.

115 [A7] **Pasticceria Cappello,** Via Colonna Rotta 68, Tel. 091 489601, www.facebook.com/pasticceriacappello, geöffnet: Do–Di 7–21.30 Uhr. Seit Jahrzehnten gibt es bei Cappello im Sitzen oder im Straßenverkauf sehr

Meine Tipps

Lecker vegetarisch

Rein vegane/vegetarische Restaurants sind in Palermo äußerst dünn gesät und das **Haiku** (s. S. 92) ist fast etwas wie ein einsamer Leuchtturm. Wohl aber bieten einige Restaurants zusätzlich fleisch- und fischlose Kost an. Generell wird man aber auch in jeder Pizzeria eine Pizzaversion finden, die auf tierische Ingredienzen verzichtet.

In der **Osteria Santa Marina** (s. S. 88) offeriert eine eigene, nicht gerade kleine Karte vegetarische Gerichte mit marokkanischem Einschlag. Ebenfalls Vegetarisches (aber nicht nur) im Angebot haben **Il Mirto e la Rosa** (s. S. 89) und **Verdechiaro** (s. S. 89). Sandwiches gibt's im **Pan x Focaccia** (s. S. 93).

Lokale mit guter Aussicht

Die Bar in der obersten Etage des Kaufhauses **Rinascente** (s. S. 101) ist mit ihren Terrassen ideal für den Aperitif mit Häppchen, das Abendessen gibt es dann eine Etage tiefer. Die Terrasse des **Ristorante Fuori Orario** (s. S. 71) in Monreale erlaubt einen fantastischen Blick auf Palermo. Direkt auf den Dom Palermos schaut man beim exklusiven Dinner im Salone Cattedrale des **Palazzo Asmundo** (s. S. 76), allerdings muss man vorausbuchen und das Vergnügen ist nicht billig. In Mondello blickt man aus dem Pfeilerrestaurant **Alle Terrazze** (s. S. 68) über Bucht und Meer.

Der erste Kaffee

Das **Caffe Casa Obatalà** (s. S. 93) und das **Café Latino** (s. oben) öffnen werktags bereits um 6.30 Uhr. Wer noch früher Koffein braucht, geht in Monreale in die **Bar Arcobaleno** (Mo–Sa ab 4.30 Uhr).

Für den späten Hunger

Im **Passami ù Coppu** (s. S. 93) bei den Quattro Canti kann man sich unter der Woche bis Mitternacht, am Fr bis 3 Uhr und am Sa bis 4 Uhr Streetfood holen. Auch bei der **Panineria/Birreria Fazio** (s. S. 93) in der Vucciria kann man sich am Wochenende bis in die frühen Morgenstunden mit Essen versorgen. Ansonsten sollte man – besonders in der **Vucciria** 37 – nach Straßenständen Ausschau halten: Wo nachts was los ist, ist auch das Streetfood von fliegenden Händlern nicht weit.

süße und quietschbunte Sünden: Schokoladencreme, Torten, Plätzchen, Marzipan, Cassata, Cannoli – hier muss man schwach werden.

Gelaterie

116 [bg] **Al Gelatone,** Via Autonomia Siciliana 98, Tel. 091 363604, www.facebook.com/algelatone, geöffnet: tgl. 11–24 Uhr. Eismachen ist eine Kunst und die Sizilianer respektieren Peppe Cuti als einen ihrer Meister. Ehrensache, dass alles Handarbeit mit frischen Ingredienzen ist. Die *Palermitani* danken es und stellen sich klaglos in die Schlange.

117 [D6] **Cappadonia,** Via Vittorio Emanuele 401, Tel. 3925689784, www.facebook.com/cappadonia.gelati, geöffnet: Mo–Do 10.30–23.30, Fr/So 10.30–0.30, Sa 10.30–1.30 Uhr. Mango, Limone, Kaktusfeige oder Pistazien? Die Früchte sind aus Sizilien, wie auch der Eismeister.

118 [F5] **Gelateria La Kala**, Piazza Fonderia 8/9, Tel. 3290046071, www.gelaterialakala.it, geöffnet: So–Fr 9.30–20, Sa 9.30–23 Uhr. Pure Früchte mit Johannisbrotmehl zur Verdickung – zum Sterben köstlich und erfrischend wie das Leben.

119 [F5] **Lattepà in Città,** Via Vittorio Emanuele 87, Tel. 3479343327, www.facebook.com/lattepaincitta, geöffnet: Di–So 11–23, Sa bis 24 Uhr. Selbst hergestelltes Eis, das feinste Geschmacksnuancen abdeckt – mit Pistazie ist es nicht getan, da gibt es allein drei unterschiedliche Sorten (darunter natürlich die Steinfrucht aus Bronte am Ätna).

Palermo am Abend

Etwa ein Drittel der Bewohner Palermos ist unter 30 Jahre alt und 40.000 Studenten zählt die Universität. Das Nachtleben brummt also, der Bedarf an kulturellen Angeboten ist groß und man kann auf eine lange Tradition zurückblicken. Nicht umsonst besitzt die Stadt das größte Opernhaus Italiens. Doch nicht nur die „arrivierte“ Kultur spielt eine Rolle – die Szene-Welt im Paralleluniversum mit spontanen Sessions, Straßenkünstlern und alternativen Festivals, die das ganze Jahr über für abendliche Unterhaltung sorgen, ist lebendig und bunt.

Nachtleben

Auf den Websites www.balarm.it und www.palermotoday.it sind die neuesten Termine und Ereignisse aus Kultur und Partyleben gelistet. War die **Vucciria** 37 lange Zeit der einzige Anlaufpunkt für das Nachtleben, mausert sich das **Kalsa-Viertel** immer mehr zum eigentlichen Ziel der

060pa-fk

In der Vucciria 37 bekommt man auch noch spät am Abend etwas zu essen

Smoker's Guide

Rauchen verboten! Die Regierung hat schon 2005 ein **Rauchverbot** für alle öffentlichen Räumlichkeiten durchgesetzt. Darunter fallen auch ausnahmslos Bars und Restaurants. Deren Gäste finden keine Aschenbecher mehr und die Strafen sind drakonisch. Weil sich jeder an das Verbot hält, ist die Luft rauchfrei. Wer es dennoch nicht lassen kann, muss ins Freie gehen. Dort allerdings darf an den Tischen der Bars und Restaurants zügellos gepafft werden (und fast jeder tut es auch).

Nachtschwärmer. So wird man rund um die Via Alloro [F/G6] fündig und auch an den Rändern der Piazza Magione 23 sind einige Lokale, die Freisitze und gute Drinks zu späterer Stunde bieten. Die Vucciria spielt aber immer noch eine bedeutende Rolle bei den, sagen wir mal, nicht so Angepassten – und zu ganz später Stunde. Zentral gelegene Großdiskotheken gibt es in Palermo nicht. Wer ein Event sucht, fährt entweder nach Mondello 48 oder noch weiter nach Sferracavallo und Carini.

Bars, Lounges, Pubs

120 [ae] **Alchimia Bar,** Piazza Niscemi 26, Tel. 3404070736, www.facebook.com/salottoalchemico, geöffnet: So–Fr 19–2.30, Sa 19–3.30 Uhr. Shishas und Bauchtanz lassen einen an 1001 Nacht denken – wenn es denn keinen Alkohol gäbe. Die Cocktails sind gut und die Tänze mehr oder weniger authentisch.

121 [D5] **Alibi Drinks and Gigs,** Piazzetta delle Vergini 9, Tel. 3339383988, www.facebook.com/alibipalermo, geöffnet: Fr/Sa meist ab 21 Uhr, ansonsten nach Lust und Laune. Pub mit Bands, Performances und anderem Schrägem – die Punk- und Trash-Szene ist putzmunter und feiert gerne.

122 [C3] **Bar Bolazzi,** Piazzetta Francesco Bagnasco 1, Tel. 3482603132, geöffnet: Mo–Sa 18–2 Uhr. Bar und Restaurant (Tagesmenü an der Tafel) im Vintage-Stil und mit alternativem Touch. Gute Cocktails und ab und an Livemusik.

123 [E6] **Bar St'orto,** Discesa dei Giudici 40–4, Tel. 091 2748549, www.facebook.com/stortopalermo, geöffnet: Di–Do 9–1, Fr/Sa 9–2, So 9–24 Uhr. Nur ein paar Tische wackeln vor der winzigen Kneipe tagsüber auf dem Pflaster, doch zum Aperitif kriegt man schon keinen Platz mehr. Abends werden gegenüber die Boxen rausgerollt und die ganze Gasse füllt sich: Coole Klänge und kalte Cocktails helfen durch die Nacht.

124 [C2] **Berlin Café,** Via Isidoro La Lumia 21, Tel. 3382435237, www.facebook.com/berlincafe, geöffnet: tgl. 18–2, Fr–So bis 3 Uhr. Im sonst nicht so mit Kneipen gesegneten Loggia-Viertel ist das gestylte Bar-Restaurant (mit relativ guter Fischküche) eine nette Adresse für den Aperitif – und auch später, wenn der DJ beginnt und die Menge dazu wippt.

125 [D4] **Cafè-Restaurant Il Siciliano,** Via Orologio 37, www.facebook.com/ilsicilianopalermo, geöffnet: Di–So 17.30–2 Uhr. Den Aperitif begleiten leckere Häppchen und zu später Stunde kommt die Musik vom Plattenteller oder von der Bühne – einer der Dauerbrenner des Nachtlebens.

126 [E6] **Cantavespri,** Vicolo Valguarnera 8, www.facebook.com/cantavespri, geöffnet: Di 19–1, Mi 19–2, Do–So 19–3 Uhr. Restaurant, Lounge, Weinbar, Disco, Livemusik und gut gelaunte Gäste, drinnen unter 400 Jahre alten

Einen Spritz zuzubereiten ist eine hohe Kunst, die der Barkeeper in der Bar St'orto beherrscht

Gewölben und draußen an der Piazza – Wein und Vinyl machen happy.

127 [E5] **Ferramenta,** Piazza Giovanni Meli 8, Tel. 3925137716, www.facebook.com/ferramentapalermo, geöffnet: Di–So 11.30–15, 18.30–1 Uhr. Bar mit Restaurantbetrieb, Drinks, Musik und großer Menschentraube zu späterer Stunde: easy going hinter der Kirche San Domenico.

128 [F6] **Garibaldi,** Via Alessandro Paternostro 46, Tel. 091 588511, www.bargaribaldi.com, geöffnet: tgl. 18–2 Uhr. Rundumpaket in der Kalsa mit Essen, Trinken (unbedingt „Vigata" aus Dessertwein, Limoncello und Orangensaft mit Limettenschale und Basilikum probieren) und Musik für meist junges Publikum. Schönes Sitzen auf der Piazzetta.

129 [D4] **La Champagneria del Massimo,** Via Salvatore Spinuzza 59, Tel. 091 335730, www.bottiglieriadelmassimo.it, geöffnet: Mo–Sa 9–3, So 10.30–3 Uhr. Die Premierengäste des Teatro Massimo glühen natürlich in der Champagneria vor und naschen dabei von Käse- und Wurstplatten. Zu späterer Stunde trifft sich alle Welt zu Cocktails und Musik. Ursprünglich nur ein Weinhandel, hat sich der Laden seit 1968 zum einem der Treffpunkte des *dolce vita* entwickelt.

130 [D6] **Malox Bar,** Piazzetta della Canna 8/9, Tel. 3711768843, www.facebook.com/maloxPA, Di–So 18.30–2.30 Uhr. Peppino ist eine Institution und sein Cocktailwissen legendär. Wenn er Zeit hat, was bei der umlagerten Theke nur selten der Fall ist, mixt er auch ausgefallenere Sonderwünsche.

131 [E6] **Monkey Bar,** Piazza Sant'Anna 19, geöffnet: Di–So 8.15–2 Uhr. Wer Künstler aus Palermo live sehen will, geht ins Monkey. Die Vorstellungen sind immer brechend voll und im Sommer sammeln sich die Lokalpatrioten vor der Kneipe. Die alternative Szene kommt zu Jam-Sessions, Performances und Straßentheater.

› **Nauto-Bar** (s. S. 51). Die Bar direkt an Meer und Hafen spielt Musik und serviert Drinks, ein Stand steuert Snacks bei.

› **Palazzo Asmundo** (s. S. 76), geöffnet: Do/So 19–23 Uhr. Palast-Bar mit abendlichen Cocktails unter Fresken und zwischen Antiquitäten – und bei Reservierung gibt es auch Abendessen im Salone Cattedrale (mit unverstelltem Blick auf den Dom).

061pa-fk

132 [E5] **Punk Funk Record Shop Music Bar,** Via Napoli 10, Tel. 091 7657780, Facebook, geöffnet: Mo–Sa 16–2 Uhr. Bar mit Plattenladen voller Vinyl und mit Livemusik, einige Tische draußen mitten im Verkehr: Die Cocktails sind bestens und die dazu gereichten Snacks ersetzen fast ein Abendessen.

133 [F6] **Qvivi Music Bar,** Piazza della Rivoluzione 5, Tel. 3296273392, geöffnet: Mi–Mo 18–3 Uhr. Bar mit Retromusik, Freisitz auf einem der nettesten Plätze in der Stadt und mit einem ausgezeichneten Aperitif-Buffet.

134 [E5] **Taverna Azzurra,** Via Maccheronai 15, Tel. 091 304107, Mo–Fr 9–5 Uhr. Wovor Mütter ihre Töchter immer warnen, das hier ist es! Oft totgesagt, nie gestorben – das pulsierende Herz der Vucciria ist Absturz und Abflug in einem.

Diskotheken

135 **Country Discoclub,** Viale dell'Olimpo 1A, Mondello, Tel. 3334808414, www.countrydiscoclub.it, geöffnet: Fr/Sa ab 23 Uhr. Megadisko auf 2000 m² und mit 40.000 Watt Musikleistung. Seit 1986 feiern hier Fr und Sa ausgelassen vornehmlich Teens.

136 **MOB DiscoTheatre,** Strada Statale 113 Ovest 1, Carini, Tel. 3396158017, www.facebook.com/mobdiscotheatre, geöffnet: Fr–So ab 22 Uhr. Immer wieder Großereignisse mit Super-DJs aus der Techno- und Electronic-Szene, ansonsten Themenabende.

Jazzkneipen

137 [C1] **Miles Davis Jazz Club,** Via Enrico Albanese 5, Tel. 091 5085991, www.facebook.com/milesdavisjazzclub, geöffnet: Mi/Do 19–24, Fr–So 19–1 Uhr. Zu Musik und Cocktails gibt es Kleinigkeiten wie Käse- oder Wurst-/Schinkenplatten.

138 [D6] **Tatum Art,** Via dell'Università 38 (Ecke Via Maqueda), Tel. 3662681803, www.facebook.com/tatumart38, geöffnet: Do–Sa 19–2, So 19–1 Uhr. Ernsthafte Jazzkneipe mit Restaurantbetrieb und professionellen Konzerten.

Theater und Konzerte

Die Bühnen Palermos bevorzugen italienisch als Sprache, dennoch gibt es einige Häuser, deren Besuch sich für Fremdsprachler lohnt – darunter natürlich die Opernaufführungen des Teatro Massimo. Aber auch die Stadtteilbühne Teatro Ditirammu mit rustikalen und lauten Aufführungen transportiert so einiges an Stimmung und Lokalkolorit und die Stücke der Marionettenbühnen voller Totschlag und Herzschmerz sind sowieso ein Erlebnis, bei dem die Sprache in den Hintergrund tritt.

Opern und Schauspiel

› **Real Teatro Bellini** (s. S. 22). Ehemals königliches Theater und heute Experimentierbühne junger Künstler.

139 [E5] **Teatro Biondo Stabile,** Via Roma 258, Tel. 091 7434341, www.teatrobiondo.it. Hinter der von Historismus und Liberty-Stil beeinflussten Fassade (1903 war die erste Aufführung) befindet sich die Schauspielbühne Palermos, finanziert von reichen Bürgern, die sich so ihre eigene Stätte für ernste und heitere Stücke schufen.

140 [G6] **Teatro Ditirammu,** Via Torremuzza, 6, Tel. 091 6177865, www.teatroditirammu.it. Deftige Stücke und Kabarett kommen in einem Hinterhof des Kalsa-Viertels auf die Bretter. Die Stadtteilbühne fängt mit rustikalen Inszenierungen das Lebensgefühl in Palermo ein.

141 [ag] **Teatro Jolly,** Via Costantino Domenico 54/56, Tel. 091 6376336, www.teatrojolly.it. Das Theater für Liebhaber von Kabarett und Comedy. Immer wieder gibt es auch Jazzkonzerte mit internationalen Größen.

142 [F6] **Teatro Libero,** Salita Partanna 4, Tel. 091 6174040, www.teatrolibero palermo.com. Theaterbühne am Giardino Garibaldi hinter der Fassade der säkularisierten Kirche Santa Maria dei Miracoli. Experimentierbühne für zeitgenössische Stücke.

38 [C4] **Teatro Massimo.** Die Hauptbühne der Stadt gilt als eines der schönsten Opernhäuser der Welt und zeigt Opern, Operetten und Konzerte.

Marionettentheater

143 [D2] **Opera dei Pupi Carlo Magno,** Via Collegio di Maria al Borgo Vecchio 17, Tel. 091 8146971, www.mancuso pupi.it. Stücke wie „Die Geschichte der französischen Ritter" oder „Die 13 Wunden des Rinaldo" werden immer monatsweise gespielt (etwa viermal im Monat).

144 [C7] **Opera dei Pupi Famiglia Argento,** Via Pietro Novelli 1a, Tel. 3281183231, www.facebook.com/pupi sicilianiargento. Seit 1893 bespielt die Familie ihre Puppenbühne. Im Palazzo Asmundo (gegenüber der Kathedrale) gibt es immer um 17.30 Uhr eine Vorstellung.

145 [D4] **Opera dei Pupi Figli d'Arte Cuticchio,** Via Bara all'Olivella 95, Tel. 091 323400, www.figlidartecuticchio.com. Mimmo Cuticchio gehörte zu den renommiertesten und besten Puppenspielern der Insel. Seine Söhne geben vier- bis sechsmal pro Woche eine Vorstellung (meist nachmittags, manchmal vormittags). Im Repertoire stehen „Macbeth", „Don Giovanni" oder „Das große Duell von Orlando und Rinaldo um das Herz der schönen Angelica".

30 [G5] **Teatro delle Marionette.** Die Puppenbühne mit dem reichsten Fundus an Figuren – schließlich ist das Marionettenmuseum angeschlossen.

Konzerte

146 [D6] **I Candelai,** Via dei Candelai 65, Tel. 091 327151, www.candelai.org. Tanztempel, Konzertsaal, Debattierklub und Showroom für Avantgardistisches aus Musik, Performances und auch bei der LBGT-Szene beliebt.

147 [bg] **Teatro Golden,** Via Terrasanta 60, Tel. 091 6264702, www.cinemate atrogolden.it. Das größte private Theater der Stadt war einmal Kino und bringt heute Konzerte, Performances, Lesungen und Kabarett auf die Bühne.

148 [C3] **Teatro Politeama Garibaldi,** Via Turati 2, Tel. 091 6072511, www.orchestrasinfonicasiciliana.it. Klassizistisches, 1867 bis 1874 entstandenes Theater, dessen Architekt Giuseppe Damiani Almeyda sich an Bauten des antiken Pompeji orientierte. Heute ist es Sitz des sizilianischen Symphonie-Orchesters, das in den prächtigen ovalen Saal zu klassischen Konzerten Solisten aus aller Welt einlädt.

062pa-fk

☐ *Nächtliche Performance auf einer Piazza im Kalsa-Viertel (s. S. 39)*

Palermo zum Stöbern und Shoppen

Als Hauptstadt Siziliens bekommt man in Palermo alles, was nur vorstellbar ist – nur die kitschigen **Souvenirs** halten sich bislang noch in Grenzen. Will man diese, wird man in der Fußgängerzone der Via Maqueda [C4–D6] zwischen Piazza Verdi 38 und Quattro Canti 1 aber sicherlich fündig. Wer Schmuck, Accessoires und Mode der großen **Weltmarken** sucht, wird sie in der Via Maqueda zur Piazza Verdi hin und besonders in ihrer Verlängerung, der Via Ruggero Settimo [C3/4] zwischen Piazza Verdi und Piazza Castelnuovo, und dann im Anschluss in der Via della Libertà [B1–C3] finden. Dort sind Liu Jo, Sisley, Benetton, Intimissimi, Yamamay, Calzedonia, H&M, Louis Vuitton, Calvin Klein und viele andere mit ihren Geschäften vertreten.

Wer **Modisches** abseits des Mainstreams sucht, kann in der **Kalsa** (s. S. 39) herumschlendern. Dort gibt es einige Läden, die Kunsthandwerk und Mode selbst herstellen und anbieten und der **Associazione Liberi Artigiani-Artisti Balarm (ALAB)**, dem Zusammenschluss unabhängiger Kunsthandwerker Palermos, angehören (www.alabpalermo.it). Ein Zusammenschluss von Modemacherinnen und Kunsthandwerkerinnen versteckt sich auch in einem Hinterhof – die **Insula** (s. S. 103) an der Piazza Sant'Anna.

Ansonsten gibt es noch vereinzelt Gassen, in denen Handwerker aus Tradition noch die gleiche Ware anbieten. **Hutmacher** (bzw. -verkäufer) zum Beispiel verkaufen Kopfbedeckungen wie elegante, steife Hüte oder Schiebermützen in der Via Garibaldi. Grobes gibt es bei den **Blechhändlern** in der Via Calderai: Haushaltswaren wie Töpfe oder Schöpflöffel und Handwerkerbedarf – Kessel und Ofenrohre.

Als Wegweiser, um alteingesessene Handwerker und Läden mit Qualitätsanspruch zu finden, kann auch der Hinweis **„Negozi storici – historische Läden“** (www.facebook.com/NegoziStoriciPalermo) dienen. Um dieses Siegel zu erhalten, müssen die Läden gewisse Kriterien erfüllen wie althergebrachte Herstellungsweisen, historische Räumlichkeiten oder traditionelle Rezepte. Ein weiteres Siegel ist die Mitgliedschaft in der **ALAB.**

Die **Hauptmärkte** Palermos, Ballarò 16 und Capo 39, sind überaus authentisch und so laut und bunt wie eh und je. Die Vucciria 37, einst der lebhafteste Markt in der Stadt, besitzt dagegen nur noch wenige Stände (die Aktivitäten haben sich ins Nachtleben verlagert). Einen richtigen (wenn auch kleinen) Flohmarkt gibt es hinter der Kathedrale. Der „Antiquitätenmarkt“ an der Piazza Marina am Wochenende ist eine eher müde Veranstaltung.

Mein Tipp

Shop 'n' Stop

Die Vinyl-Auswahl im **Punk Funk** (s. S. 98) mag ja nur eine bestimmte Klientel ansprechen, aber die Cocktails an der Bar sind ausgezeichnet, die Häppchen extrem lecker und zur Happy Hour ist beides extrem günstig. Hat man im Kaufhaus **Rinascente** (s. S. 101) ausschweifend eingekauft, kann man sich auf der Dachterrasse bei einem Espresso erholen.

Shoppingareale

Die wichtigsten Shoppingbereiche der Stadt sind im Kartenmaterial mit einer rötlichen Fläche markiert.

Antiquitäten und Krempel

› **Mercatino Antiquariato** (s. S. 102)
› **Mercato delle Pulci** (s. S. 102)

149 [ak] **Trionfante,** Via Altofonte 82, www.trionfante.it. Antiquitäten auf rund 6000 m² und vier Etagen. Seit über 50 Jahren verkauft und versteigert man Kunstvolles und Altes.

Bücher neu und antiquarisch

150 [D6] **Libreria Alaimo,** Corso Vittorio Emanuele 340, Tel. 091 335589. Gegenüber dem Mafiamuseum gibt es Literatur zu Palermo und Sizilien.

151 [E4] **Pietro Tramonte**, Via Monte S. Rosalia 18, Tel. 3276258510. Eine Institution: Pietro sammelt, verkauft und tauscht in der Gasse im Viertel Loggia unter freiem Himmel. 60.000 Bücher stehen in den Regalen an den Hauswänden.

063pa-fk

Pietro Tramontes einzigartiger Buchladen unter freiem Himmel

Kaufhaus

152 [E5] **Rinascente,** Via Roma 289. *Das* Kaufhaus in Palermo und dann noch im Zentrum. Markenware, Lebensmittel und Mode auf fünf Etagen. Und das Beste: In den Obergeschossen gibt es ein Restaurant, eine Bar und eine tolle Terrasse für Lunch, Kaffee/Kuchen und Cocktails. Die Food Hall hat bis 23 Uhr auf, das Kaufhaus tgl. bis 20.30 Uhr.

Lebensmittel

153 [E5] **Antica Salumeria del Corso,** Corso Vittorio Emanuele 170, Tel. 091 587097. Würste, Käse, Brot und Wein in großer Auswahl und mit viel Sachverstand aufgeschnitten, kunstvoll aufs Papier gelegt und verpackt.

› **Dolceria I Segreti del Chiostro** (s. S. 20). Die „Klostergeheimnisse" sind nach uralten Rezepten der Nonnen zusammengerührt (die die Tradition der Araber aufrechterhielten) – Süßigkeiten in allen Farben.

154 [G7] **Il Re della Frutta secca,** Via Gaet Filangeri 4, Tel. 091 7467699, https://faiafruttasecca.it. Quietschbunte Süßigkeiten, Trockenfrüchte, Nüsse und rosa Marshmellows.

155 [D6] **Pasticceria Costa,** Via Maqueda 174, Tel. 091 9807927, www.pasticceriacosta.com. Traditionsadresse im Herzen Palermos mit dem Besten, was Sizilien an Süßigkeiten hervorbringt.

156 [D6] **Sicily Mini Market,** Corso Vittorio Emanuele 299. Der winzige „Supermarkt" verkauft das Nötigste (von Toilettenpapier über Brot bis zur Thunfischdose) zu nicht unbedingt kleinen Preisen, dafür aber bis 24 Uhr.

157 [E5] **Supermercato Marotto,** Via Venezia 47/53, Tel. 091 5078764. Alles, was zum Leben notwendig ist (So geschlossen).

Märkte

› **Mercatino Antiquariato,** Piazza Marina ㉘. Samstag- und sonntagvormittags bauen professionelle Händler ihre Stände auf und verkaufen Kunst und Krempel.

㊴ [B5] **Mercato del Capo.** Der authentischste Markt der Stadt, da er sich seinen Stadtteilcharakter bewahrt hat (täglich).

158 [B6] **Mercato delle Pulci,** Piazza Domenico Peranni, www.facebook.com/mercatodellepulciPA. Flohmarkt in einem Straßenzug mit Blechhütten, klein und bunt und an jedem Tag der Woche.

⑯ [D7] **Mercato di Ballarò.** Der älteste und größte Markt der Stadt blickt auf eine tausendjährige Geschichte zurück (täglich).

Mode und Schmuck

159 [E6] **Barbisio,** Corso Vittorio Emanuele 297, Tel. 091 329992, www.facebook.com/barbisiopalermo. Seinen Hut kauft der *Palermitano* mit Anspruch und Traditionsbewusstsein bei Barbisio.

160 [F6] **bottega MAD,** Piazza Croce dei Vespri 9, Tel. 3277831680, www.facebook.com/MADlabPA. Wunderschöne Stoffe werden zu Mützen, Taschen, Brillenetuis und weiteren Accessoires vernäht.

047pa-fk

161 [D7] **Diallo Souleymane,** Via Benfratelli, Tel. 3804380318. Schneiderei mit fantastischen afrikanischen Stoffen, die nach Wunsch zu Kleidung oder Accessoires verarbeitet werden.

162 [F6] **INSIMULab,** Piazza Aragona 19/20, Tel. 3313277534, www.alabpalermo.it/laboratorio/insimulab. Keramik und Schmuck von vier Künstlern, die sich ein Atelier teilen.

163 [D7] **Laboratorio Ballar'art**, Via Porta di Castro 25, Tel. 3294753317, www.alabpalermo.it/laboratorio/ballarart. Recyclingkunst und Webwaren aus Jute wie Mützen, Schals und Taschen.

164 [G6] **Officine Achab,** Via Alloro 13, Tel. 091 6161849, www.officineachab.com. Modegalerie, in der man fast immer fündig wird – quietschbunt oder gesetzt, Tasche oder Tunika, aus Nordeuropa oder aus dem Süden.

165 [F6] **tutui,** Via Alessandro Paternostro 83, Tel. 3335429425, www.facebook.com/tutuigioielli. Feiner Gold- und Silberschmuck, Hüte und Taschen, die nicht jeder hat.

166 [E6] **Zonzo,** Via Alessandro Paternostro 99, Tel. 3801203279, www.iamzonzo.com. Taschen und „was auch immer" nach Absprache aus Leder und Stoff.

Souvenirs

167 **Cittacotte di Vizzari,** Via Vittorio Emanuele 120, Tel. 3383626784. Die Palazzi Palermos in Ton, klein und fein genug für die Handtasche, bis ins kleinste Detail von Hand gearbeitet.

◁ *Leckereien aus dem Kloster: die Dolceria I Segreti del Chiostro (s. S. 20)*

064pa-fk

168 [D2] **Fabbrica Carretini,** Via Giuseppe La Masa 82, Tel. 091 585746. Nahe der Piazza Borgo Vecchio stellt seit Jahrzehnten das charmante Ehepaar Wägelchen und Puppen in allen erdenklichen Größen her und verkauft sie in ihrem Werkstattladen.

169 [E6] **Gios – Arte in Carta** , Via Alessandro Paternostro 107, Tel. 3286418050, www.arteincarta.com. Was man aus Papier alles machen kann, erfährt man im Laden von Giorgia Amato.

170 [E6] **Insula,** Piazza Sant'Anna 3, Tel. 3935646155, www.facebook.com/insulasperimentale. Künstlerinnen und Kunsthandwerkerinnen haben sich hier zusammengeschlossen, um ihre Erzeugnisse zu verkaufen: Keramik, Kleidung, Drechselarbeiten, Bilder, Stoffe, Objekte ...

171 [G6] **Laboratorio di Ceramiche,** Via Alloro 27, Tel. 3298273028. Veronica Mancuso versteht die hohe Kunst der bemalten Majolika und stellt wunderschöne Schmuckkacheln her – nichts zum Bad fliesen, sondern zum Aufhängen.

172 [D6] **Spazio a Tempo,** Via Vittorio Emanuele 297. Der „Zeitraum" verkauft Kunst, Designstücke, Schmuck und Spielzeug, die vier Frauen selbst kreieren. Darunter filigrane Hampelmänner in Ritterrüstungen und bunte Amulette.

Wein

173 [B4] **Enoteca Butticè,** Piazza San Francesco di Paola 12, Tel. 091 2515394, www.enotecabuttice.it. Entspannte Weinbar (in der man auch mal ein Bier trinkt). Die Tische in der Gasse sind spätabends immer umlagert.

174 [A3] **Enoteca Picone,** Via G. Marconi 36, Tel. 091 331300, www.enotecapicone.com. Edelvinothek mit Verkostung an der Theke oder mit einem Begleitgericht am Tisch. Das Angebot an sizilianischen Weinen ist riesig.

Monsieur Souleymane näht auf Bestellung

Palermo zum Durchatmen

Gassen voller Menschen und Straßenschluchten voll hupender Fahrzeuge – irgendwann reicht es. Palermo hat glücklicherweise so einige Inseln der Ruhe zu bieten, grüne Oasen, in denen man vielleicht nicht gerade allein ist, aber dennoch entspannen kann.

Der **Park der Villa Giulia** (s. S. 44) ist ein eher wenig aufgesuchter Ort, obwohl er mit hohen Palmen und Büschen durchaus attraktiv gestaltet ist. Direkt nebenan ist der **Orto Botanico** 25 ebenfalls ein Ort des Friedens. Der **Giardino Inglese** 40 dient vielen nur als Durchgangsort, und das, obwohl man doch im Schatten seines Grüns hervorragend träumen kann. Natürlich kann man sich auch an einer der weitläufigen Plätze wie der **Piazza Magione** 23 oder **Piazza Marina** 28 in ein Straßencafé setzen, in die Sonne blinzeln und dem geschäftigen Treiben zusehen.

Wer schon zu den Öffnungszeiten der Denkmäler kommt und auf deren Türme und Dächer steigt, hat ein ganz besonderes Erlebnis: Über den roten Ziegeln steigt die Sonne auf, die Berge sind gestochen scharf und von unten klingen die Töne der erwachenden Stadt. Perfekt dafür ist der **Torre di San Nicolò all'Albergheria** (s. S. 35). Wer nur loslassen kann, wenn ihn Geschichte und Kultur umfangen, für den ist der Kreuzgang im verwunschenen Garten der **Chiesa di San Giovanni degli Eremiti** 14 ein Muss. Und wer in einem besonders würdigen Kirchenraum nachdenken will – nicht abgelenkt von byzantinischer oder barocker Ausstattungswut –, sucht sich eine Holzbank in der Kühle der **Chiesa di San Cataldo** 5.

MEIN TIPP

Morgenmuffel

Morgens genervt? Im Hinterhof der **Cioccolateria Lorenzo** (s. S. 94) kann man sich für den Tag vorbereiten – in aller Ruhe und mit Kaffee und Croissant. Auch auf der Dachterrasse des Kaufhauses **Rinascente** (s. S. 101) lässt sich beim Frühstück mit dem Tag Waffenstillstand schließen. Ebenfalls entspannen kann einen die kunstsinnige Atmosphäre des Cafés im ersten Innenhof des **Museo Archeologico Salinas** 36.

065pa-fk

Zur richtigen Zeit am richtigen Ort

In Palermo ist das ganze Jahr über etwas los, von Festivals, Prozessionen, Straßenfesten und regelmäßigen Kunstausstellungen bis zu Konzertreihen und Opernfestspielen. Unter www.palermotoday.it sind (fast) alle aktuellen Veranstaltungen in der Stadt gelistet.

Februar/März

› **Educarnival:** In der Faschingswoche von Schulen organisierte Tänze und Umzüge in der Altstadt.

März/April

› **Karfreitagsprozessionen:** In zahlreichen Kirchengemeinden feiern die Gläubigen mit Prozessionen.

› **La settimana Santa ai Fornai:** In der Karwoche wird die Passion im Viertel Albergheria möglichst wirklichkeitsnah nachgestellt.

Mai/Juni

› **Sicilia Queer,** Anfang Juni, www.sicilia queerfilmfest.it: Eine Woche dauert das LBGT-Filmfest.

› **Palermo Pride,** Ende Juni, www.palermo pride.it: LBGT-Parade am CSD Palermos

Pause auf der Piazza Magione 23

Hochzeit oder Beerdigung – die Blaskapelle fehlt nie

Juli/August

- **Festino di Santa Rosalia:** Die Feierlichkeiten zu Ehren der Stadtheiligen Rosalia, die Palermo von der Pest befreite, beginnen am 10. Juli und enden am 15. mit der Prozession in Kostümen und einem Feuerwerk.
- **Ferragosto:** am wichtigsten Tag der Italiener - Mariä Himmelfahrt am 15. August - endet der Sommerurlaub.

September/Oktober

- **Fackelprozession** in der Nacht vom 3. auf den 4. September auf der alten Straße den Monte Pellegrino hoch zum Santuario der heiligen Rosalia
- **Beat Full Festival,** www.beatfullfestival.it, Spazio Culturale/Cantieri Culturali alla Zisa (s. S. 77): Kunst-, Theater- und Musikfestival über fünf Tage Anfang September.
- **Targa Florio Classica,** www.targa-florio.it: Die Rallye mit Autoklassikern startet Mitte September vor dem Teatro Massimo.
- **Festival Nuove Musiche,** zwei Wochen in der Septembermitte, www.teatromassimo.it: Zweiwöchiges Symphonie- und Kammermusikfestival im Oktober im Teatro Massimo.

November/Dezember

- **Fiera del Disco,** Spazio Culturale/Cantieri Culturali alla Zisa (s. S. 77): Musikmesse mit Vinyl und CDs an einem Wochenende Ende November
- **Fiera di Natale:** Von Ende November bis Anfang Januar gibt es einen Weihnachtsmarkt an der Viale Regione Sicilia im Parco Cassarà.

Gesetzliche Feiertage

- 1. Januar, **Neujahr,** Capodanno
- **Ostermontag**
- 25. April, **Befreiungstag,** La Resistenza
- 1. Mai, **Tag der Arbeit,** Festa del Lavoro
- 15. August, **Mariä Himmelfahrt,** Ferragosto
- 1. November, **Allerheiligen,** Ognissanti
- 8. Dezember, **Mariä Empfängnis,** Festa dell'Immacolata
- 25. Dezember, **Weihnachten,** Natale
- 26. Dezember, **Tag des heiligen Stefano**

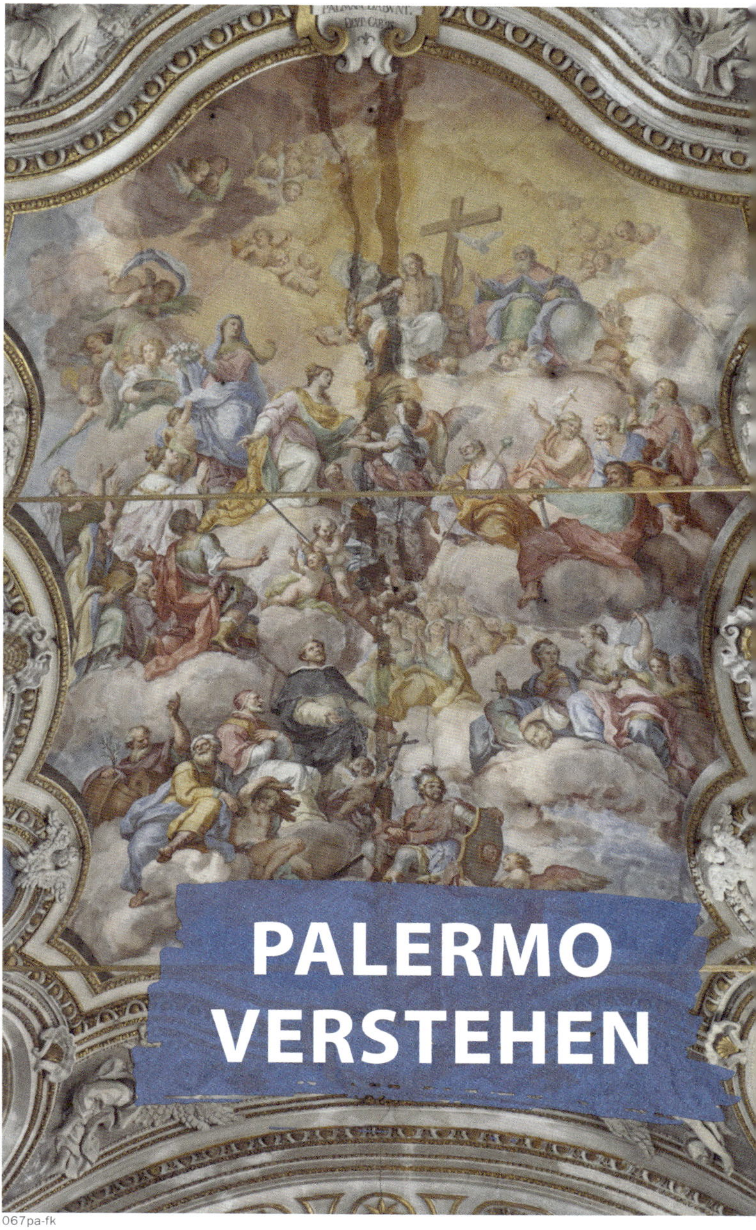

PALERMO VERSTEHEN

067pa-fk

Palermo – ein Porträt

Zwischen zwei Bergen, an der Mündung des Flusses Oreto und am Golfo di Palermo sich in einem breiten Tal ins Landesinnere ziehend, liegt die **Hauptstadt der Region Sizilien.** Hier laufen alle administrativen Fäden zusammen und mit seinem Hafen bildet Palermo das **Handelszentrum der Insel.** Im Norden ragt der Monte Pellegrino hoch über die Stadt, im Osten bildet der Monte Catalfano den Abschluss der Bucht. Seit 2015 sind das arabisch-normannische Palermo zusammen mit den Kathedralen von Monreale und Cefalù **UNESCO-Weltkulturerbe:** als herausragende Beispiele für den Synkretismus zwischen westlichen, islamischen und byzantinischen Kulturen.

◁ *Vorseite: Barocker Himmel in der Chiesa di Santa Caterina* 3

Palermo ist mit seinen Gassen, Plätzen, Grünflächen und Fußgängerzonen eine Stadt für Spaziergänger, mit seinen hilfsbereiten Bewohnern, malerischen Altstadtvierteln, den zahlreichen Lokalen und Bars ideal für ins urbane Leben verliebte Besucher, mit dem unglaublich reichen kulturellen Erbe aus den Epochen der Punier, Griechen, Römer und Araber ein Eldorado für Spurensucher und mit seinen ungezählten, prunkvoll ausgestatten Gotteshäusern ein Urlaubsziel für Kunstsinnige.

Das nicht nur geografisch vom Festland abgekoppelte Sizilien war nie eine industrielle Region, sondern immer landwirtschaftlich geprägt. Das, was Tagelöhner und Pächter im Inselinneren erwirtschafteten, mussten sie zum großen Teil an ihre Lehnsherren abgeben, die vor Ort von Statthaltern – den *gabellotti* – vertreten wurden. Der Adel in Palermo lebte prächtig und verschwenderisch, leistete sich Paläste und Theater und kaufte Kunst in ganz Europa. Der Nie-

068pa-fk

Palermo in Zahlen

- **Sizilianischer Name:** Paliemmu
- **Gegründet:** 7. Jh. v. Chr.
- **Einwohner:** 670.000
- **Bevölkerungsdichte:** 4250 Einw./km²
- **Fläche:** 158 km²
- **Höhe ü. M.:** 5 m
- **Arbeitslosigkeit:** 18,1 %

dergang der Aristokratie im 19. Jh. hinterließ ein Vakuum, in das die immer mächtiger gewordenen Statthalter stießen. Sie organsierten sich und die **Cosa Nostra**, die sizilianische Mafia, war entstanden.

Auch wenn sie heute wahrscheinlich stärker und reicher denn je ist, die Cosa Nostra ist im Alltag nicht mehr präsent und von Touristen nicht wahrnehmbar. Sie operiert international als Finanzkonzern, zwar mit Investitionen in kriminellen Feldern, aber auch (und nicht zuletzt in Deutschland) in „sauberen" Bereichen: Immobilien sind für die Geldwäsche sehr beliebt. Dass die Familien der Cosa Nostra in den Vierteln Palermos heute noch stark verankert sind, gilt als gegeben.

Von den Anfängen bis zur Gegenwart

Ca. 20.000 Jahre v. Chr. entstehen die ältesten, dem ausgehenden Paläolithikum zugerechneten Steinwerkzeuge. Die Ureinwohner bewohnen als Jäger und Sammler Höhlen (wie Felsmalereien am Monte Pellegrino zeigen).

Um 5000 v. Chr. löst die sesshafte Lebensweise das nomadisierende Jägertum ab. Erste Siedlungen entstehen und am Übergang zur Bronzezeit (um 1800 v. Chr.) auch die ersten Höhlengräber.

Um 1500 v. Chr. bestehen Handelsbeziehungen mit der griechisch-mykenischen Welt. Einwanderungswellen aus dem Norden (Stiefel) und Osten (Ägäis) bringen neue Techniken (Metallverarbeitung, Keramik). Es bilden sich drei ethnische Gruppen: die Elymer (um Segesta), die Sikaner (Westen) und die Sikuler (Osten).

Im 7. Jh. v. Chr. gründen Phönizier erste Niederlassungen an der Küste, darunter Zyz, das heutige Palermo, das in der Folge von Karthago aus beherrscht wird.

Ab dem 7. Jh. v. Chr. kommen in mehreren Wellen Siedler aus der Ägäis, die intensive wirtschaftliche Beziehungen zu ihren Mutterstädten pflegen. Konkurrenz der griechischen Städte untereinander und mit phönizisch-karthagischen Siedlungen prägen die weitere Geschichte.

480 v. Chr. markiert die Schlacht von Himera das vorläufige Aus für alle karthagischen Ambitionen. Die griechische Streitmacht unter dem Tyrannen Gelon von Gela schlägt sie vernichtend. Die Griechen nennen die heutige Stadt „Panormos" (sicherer Hafen), aus dem sich schließlich das Wort „Palermo" entwickelt.

Um 409 v. Chr. gelingt es Karthagern, den Westen der Insel zu besetzen. Sie fliehen nach der Niederlage gegen Rom im Ersten Punischen Krieg. Die Römer besetzen Sizilien (und taufen die Hauptstadt in „Panormus" um).

227 v. Chr. wird die Insel römische Provinz und Kornkammer Roms. Ein Netz von riesigen Agrargütern überzieht die Insel. Als billige Arbeitskräfte dienen Sklaven.

Anfang des 5. Jh. zerfällt das Römische Reich. Die Vandalen erobern Nordafrika

Blick vom Monte Pellegrino

und Sizilien. 535 befreit der oströmische Feldherr Belisar Sizilien. Byzanz und eine vom östlichen Denken inspirierte Kultur hat nun das Sagen.

827: Nach der Eroberung Nordafrikas landen muslimische Heere von Tunesien kommend in Mazara und erobern bis 865 Palermo, das sie als „Balarm" zur Verwaltungshauptstadt Siziliens und zu einer blühenden islamischen Stadt entwickeln.

Ende des 11. Jh. erobern die Normannen Sizilien und Balarm.

Im 12. Jh. erlebt die Stadt, die nun „Balermus" heißt, unter den Normannen Roger I. und Roger II. eine kulturelle Blüte. Byzantinische, muslimische, jüdische und katholische Bewohner prägen das Geistesleben, Volks- und Glaubensgemeinschaften leben in relativer Freiheit und Unabhängigkeit.

Ende des 12. Jh. wird diese Phase durch eine von Lokalfürsten inszenierte Verfolgung der Muslime beendet.

Anfang des 13. Jh. markiert die Herrschaft Friedrichs II. die endgültige Rechristianisierung. Muslime werden um- oder ausgesiedelt. Die Politik der harten Hand, mit der Friedrich seine Herrschaft ordnet, steht im Kontrast zu seiner weltoffenen Geisteshaltung, die wiederum Philosophen, Literaten und Wissenschaftler aller Kulturen an seinem Hof vereint. In der Nachfolge Friedrichs kommt es wieder zu dynastischen Auseinandersetzungen.

Am 31.3.1282 bricht in Palermo ein Aufstand los, die „Sizilianische Vesper". Die Sizilianer vertreiben die französischen Herren von Anjou und setzen mit dem spanischen Peter III. von Aragon einen durch Heirat mit der normannisch-staufischen Linie verbundenen Herrscher ein. Über vierhundert Jahre bleibt Sizilien spanisch und wird rücksichtslos ausgebeutet. Juden und Mauren verlassen die Insel oder fallen der Inquisition zum Opfer.

Anfang des 18. Jh. geben die Aragonesen für kurze Zeit das Heft an Österreich weiter. 1734 ist Sizilien wieder spanisch und gehört zum Hause Bourbon (Königreich Neapel-Sizilien).

Im 18. Jh. haben sich gesellschaftliche und wirtschaftliche Strukturen verfestigt. Allmächtige Gutsverwalter plündern Kleinbauern und Tagelöhner aus, während der Adel die Erträge seiner Ländereien in Palermo verprasst. Wer kann, nimmt das Gesetz selbst in die Hand. Die Grundlagen der Mafia sind gelegt.

Am 11.5.1860 landet der italienische Abenteurer und Freiheitsheld Giuseppe Garibaldi mit Truppen in Marsala („Zug der Tausend") und beendet die Herrschaft der Bourbonen. Sizilien wird dem neu gegründeten Königreich Italien zugeschlagen.

Im Zweiten Weltkrieg besetzen deutsche Truppen Italien.

1943 landen US-amerikanische Truppen auf der Insel und kämpfen sich quer durch. Ihre Flugzeuge bombardieren zur Unterstützung Palermo. Am 22. Juli besetzen die Alliierten die Stadt. Die US-Amerikaner nutzen noch während des Kriegs Mafiastrukturen zur Kontrolle der Insel. 1946 erhält Sizilien den Status einer autonomen Region mit einer teilweisen Selbstverwaltung.

Die 1950er-Jahre sehen verstärkt Versuche, Sizilien zu entwickeln. Man setzt auf Industrialisierung. Die Folge sind Umweltzerstörung und Landflucht. Die Enteignung von Großgrundbesitz bringt Kleinbauern und Tagelöhnern zwar Land, doch ist es vom jahrhundertelangen Raubbau ausgelaugt.

Die 1960er- und 1970er-Jahre prägen unter anderem Rivalitätskämpfe der Mafia und bestialische Morde.

1985 beginnt die erste Amtszeit von Leoluca Orlando als Bürgermeister Palermos. Er ist durch seinen Kampf gegen die Mafia bekannt. Mit zwei Unterbrechungen (1990–1993 und 2000–2012) regiert er bis heute.

1991 und 1992 ermordet die Mafia in Palermo zwei ihrer prominentesten Gegner, den Richter Giovanni Falcone und den Staatsanwalt Paolo Borsellino.

1993 geht der vermutliche Mafiaboss und Auftraggeber vieler anderer Morde, Toto Riina aus Corleone, der Polizei in Palermo ins Netz.

Am 18. Mai 2006 erklärt der italienische Ministerpräsident Romano Prodi, dass seine Regierung den Bau der Ponte di Messina von Sizilien zum Festland nicht unterstützt.

2010 wird Salvatore Cuffaro, der ehemalige Präsident der Region Sizilien, wegen Mafiakontakten zu sieben Jahren Haft verurteilt.

2014 sterben weit über 3000 Flüchtlinge auf der Fluchtroute über das Mittelmeer nach Europa. Sie ist damit die gefährlichste der Welt.

Im Februar 2015 wird Sergio Mattarella (geb. 1941 in Palermo) zum italienischen Staatspräsidenten gewählt.

Ab November 2017 übernimmt Sebastiano Musumeci von der autonomistischen, rechten Diventerà Bellissima die Amtsgeschäfte als Regionalpräsident.

Im März 2018 wählen die Sizilianer bei den italienischen Parlamentswahlen die Koalition aus der von Beppe Grillo, einem „Berufs-Clown", geführten Fünf-Sterne-Bewegung (MoVimento 5 Stelle) und einer Gruppierung mit Postfaschisten.

2018 ist Palermo Kulturhauptstadt Italiens und Austragungsort der Kunstmesse MANIFESTA. Zahlreiche Kirchen und Paläste werden renoviert und der Öffentlichkeit zugänglich gemacht.

2019 hebt die Polizei eine nigerianische Gang aus, die von Palermo aus italienweit mit Menschenhandel und Prostitution operiert.

2020/2021 Wie Italiens Norden wird auch der Süden hart von der Corona-Pandemie getroffen. Erst Mitte 2021 entspannt sich die Situation allmählich, auch weil das Land bei der Impfung große – mit Deutschland vergleichbare – Fortschritte macht.

Addio pizzo

Die Mafiaorganisation **Cosa Nostra** ist zumindest mit ihren Schutzgeldforderungen aus dem Alltag verschwunden. Der Wegfall dieses andauernd präsenten Themas war ein wesentlicher Schritt in Richtung ihrer Ächtung. Da sie im Alltag keine Rolle mehr spielt, nimmt ihre Bedeutung auch im Bewusstsein der Menschen zusehends ab. Sie kann eben nicht mehr auf der Straße rekrutieren und mit ihren Machenschaften eine ganze Gesellschaft – von unten beginnend – durchtränken.

Den Anfang nahm es mit einer Kampagne, die Palermo recht schnell im Sturm eroberte. Das Motto **„Addio pizzo"** („Schluss mit Schutzgeld") tauchte nach und nach als Aufkleber an immer mehr Geschäften auf. Die ersten Teilnehmer mussten noch Schutz bei den Medien suchen und ihre Verweigerung öffentlich machen, um nicht unter die Räder zu geraten. Doch nach und nach wurde die Ausnahme zur Realität, die Geschäfte und Unternehmen, die kein Schutzgeld zahlten, waren plötzlich in der Mehrzahl. Und – unerhört – die Deutsche Botschaft in Rom mischte sich in inneritalienische Angelegenheiten und finanzierte 2010 einen deutschsprachigen Stadtplan, der alle Verweigerer verzeichnete. Der Mafia war das Wasser in den Stadtvierteln abgegraben.

Leben in der Stadt

Palermo, als Hauptstadt der Region Sizilien auch Sitz von Regierung und Verwaltung, ist eine lebhafte Hafenmetropole voller Energie und Lebenslust – mit allen Nebenerscheinungen einer Großstadt in Süditalien. Bittere Armut und unverhohlen zur Schau gestellter Reichtum sind in nächster Nachbarschaft zu finden. Hinter erbärmlichen Fassaden verstecken sich Zimmerfluchten voller wertvoller Antiquitäten und hinter moderner Designarchitektur aus Beton kleben Wohnzellen wie Bienenwaben aneinander. Vielleicht ist es aber genau dieser Gegensatz, der die Bewohner so gelassen miteinander umgehen lässt und auch Besucher einfängt.

Trotz aller Gelassenheit, die Aufgaben, denen sich die Stadt gegenübersieht, sind gigantisch. Ganz Süditalien ist von sozialen Problemen gebeutelt und an allen Ecken und Enden **fehlt das Geld.** Allein schon das architektonische Erbe zu erhalten und einer Zukunft zuzuführen, ist eine Jahrhundertaufgabe. Auch die **Jugendarbeitslosigkeit** Siziliens von weit über 40 % kann Bange machen und die **Infrastruktur** bedarf in weiten Teilen dringend einer Erneuerung. Auf der anderen Seite müssen die Menschen überleben und jede Steuerzahlung schmälert die eh nicht üppigen Familieneinkommen.

Das Problem der korrupten Eliten (auch wenn es jetzt – zumindest in Anfängen – in den Griff gebracht zu sein scheint) spukt immer noch durch die Köpfe: „Wenn diese sich bereichern, warum nicht auch wir". Die **Schattenwirtschaft** Italiens soll 2017 eine Wertschöpfung von über 200 Milliarden Euro gehabt haben (zum Vergleich: deutscher Bundeshaushalt 330 Milliarden €). Es hat sich aber auch schon viel getan. Schutzgelderpressungen als tägliches Phänomen gibt es nicht mehr. Der Kampf gegen die Kleinkriminalität der Straßen war höchst erfolgreich (und hat Palermo – weit vor Mailand und Rom – zur sichersten Stadt Italiens gemacht). Die alles lähmende Korruption in der Baubranche ist zurückgefahren und die **Investitionsgelder** für Infrastruktur und Kultur kommen bei den Projekten an. Die Austragung der Kunstmesse MANIFESTA 2018 hat die Tore der Paläste geöffnet – und die Augen der *Palermitani* für ihr kulturelles Erbe. Der **Tourismus** boomt und sorgt für Einnahmen in Stadtsäckel und Restaurantkassen.

Und die Sizilianer, ganz speziell aber die **Bewohner Palermos**, sind stolz. Stolz auf ihre Kirchen und Paläste, stolz auf ihre Vergangenheit als Schnittstelle zwischen Orient und Okzident, stolz auf ihre Rolle in der Geschichte Europas, als Residenzstadt des Heiligen Römischen Reichs und des Königreichs beider Sizilien – und als „Steigbügel" des modernen Italien, das seine Existenz einem auf Sizilien gelandeten Abenteurer verdankt, schließlich war Giuseppe Garibaldi – bevor er zum Helden wurde – ein Aufrührer. Das **Lebensgefühl** der Bewohner Palermos hat sich so trotz aller Probleme eine Leichtigkeit und Lust bewahrt, eine Herzlichkeit und Fröhlichkeit, die an allen Ecken zu spüren ist: beim Einkauf auf den Märkten, beim Espresso in der Bar, beim Flanieren auf dem Corso, beim Verweilen vor einem Straßentheater und bei der Teilnahme an einer Prozession.

PRAKTISCHE REISETIPPS

069pa-fk

An- und Rückreise

Mit dem Flugzeug

Je nach Vorausbuchungsdauer, Fluggesellschaft, Extras und Saison kann man ein Economy-Ticket von Deutschland, Österreich und der Schweiz hin und zurück nach Palermo schon ab etwa 100 € ergattern. Am teuersten ist es im Juli und August, dann können die Preise für Hin- und Rückflug auch schon mal 400 € betragen. Im Regelfall kostet ein Rückflugticket 200 bis 300 €.

Der Flughafen **Aeroporto Falcone Borsellino** liegt 30 km westlich von Palermo direkt an der Autobahn. Mit dem **Flughafenbus** von Prestia & Comandè geht es zwischen 6.30 und 24 Uhr etwa halbstündlich nach Palermo und mit mehreren Haltestellen quer durch die Stadt zum Bahnhof. Die Alternative ist die Fahrt mit dem **Individualtaxi** oder dem **Sammeltaxi.** Mit Letzterem geht es allerdings nicht schneller als mit dem Bus und abseits der festen Strecke fährt es keine gesonderten Adressen an.

- **Aeroporto Falcone Borsellino/Punto Raisi,** Tel. 091 7020718, www.gesap.it
- **Prestia & Comandè (Flughafenbus),** Tel. 091 586351, www.prestiaecomande.it, Tickets am Bus (am Gebäudeausgang 100 m nach rechts), Fahrtdauer: ca. 35 Min., Fahrpreis online: 6 € einfach, 10 € retour, im Bus 6,30/11 €
- **Taxifahrt ins Zentrum:** um 40 €, Sammeltaxi 7 €

Mit der Bahn

Mit dem **Nachtzug** ab München (Liege-/Schlafwagen) dauert die Fahrt nach Palermo 27 Stunden. In Rom muss einmal umgestiegen werden (Ankunft ca. 9.22 Uhr, Aufenthalt zwei Stunden). Ab Wien gibt es ebenfalls einen Nachtzug (Liege-/Schlafwagen). Er kommt zur selben Zeit in Rom an wie der Zug aus München. Von Zürich ist die schnellste Verbindung (20 Stunden) mit Umstieg in Mailand und Rom (ab Rom 23 Uhr, Liege-/Schlafwagen). Für die einfache Strecke muss man mit etwa 200 € im Liegewagen rechnen. Die Onlinebuchung im italienischen Bahnsystem macht

Vorseite: Im Fischereihafen von Palermo

Palermos Bahnhof ist auf Sizilien die Endstation

070pa-fk

071pa-fk

die Reise wesentlich günstiger. Man bucht im Heimatland bis Bozen und auf der Trenitalia-Site von Bozen bis Palermo (mit Angeboten ab 50 € für diese Teilstrecke).

› www.bahn.de, www.öbb.at, www.sbb.ch, www.trenitalia.it

•175 [F8] **Stazione Centrale,** Piazza Giulio Cesare, Gepäckaufbewahrung: Deposito Bagagli a Mano (vom Eingang links der Bahnsteige), geöffnet: tgl. 8–20 Uhr, die ersten fünf Stunden 6 €, die nächsten sieben Stunden 1 €/Stunde, danach 0,50 €/Stunde

Mit dem Schiff

Von Genua, Civitavecchia und Neapel starten **Fährschiffe** der Grandi Navi Veloci (GNV, www.gnv.it) nach Palermo (jeweils Nachtfahrten). Ab Neapel fahren im Sommer tagsüber Tragflügelboote über die Liparischen Inseln nach Palermo (umsteigen in Lipari, www.snav.it, www.libertylines.it, Fahrdauer etwa 10 Std.).

Kreuzfahrtschiffe machen an den Kais der Bianchina Crispi bei der **Stazione Marittima** fest. Der Hafen grenzt direkt an das Zentrum, daher kann man die Stadt von hier zu Fuß erkunden oder eins der am Terminal wartenden Taxis nutzen.

•176 [F2] **Stazione Marittima**

Autofahren

Der Verkehr ist zu den Stoßzeiten chaotisch und die generelle Parkplatzsituation mit katastrophal recht freundlich beschrieben. Dessen ungeachtet ist das Stadtzentrum (ein Rechteck zwischen Meer und Normannenpalast, zwischen Piazza Giuseppe Verdi und Bahnhof) aber auch für den Durchgangsverkehr gesperrt (ZTL).

Baden mit Ausblick auf eines der Fährschiffe von GNV

072pa-fk

Verkehrsregeln

Die **Höchstgeschwindigkeit** für Pkw und Krafträder beträgt außerhalb der Ortschaften 90 km/h (Wohnmobile über 3,5 t 80 km/h, Pkw mit Anhänger 70 km/h), auf Schnellstraßen 110 km/h (Wohnmobile über 3,5 t 80 km/h, Pkw mit Anhänger 70 km/h), auf Autobahnen 130 km/h (Wohnmobile über 3,5 t 100 km/h, Pkw mit Anhänger 80 km/h) und innerhalb geschlossener Ortschaften 50 km/h.

Alle Fahrzeuge müssen auf Landstraßen außerhalb geschlossener Ortschaften und auf Autobahnen tagsüber mit **Abblendlicht** fahren (Tagfahrlicht ist alternativ zulässig). **Anhalten** oder **Spurwechsel** sind stets mit dem Blinker anzuzeigen. Die **Promillegrenze** beträgt 0,5.

Auf **Autobahnen** sind Motorräder unter 150 cm³ und das Abschleppen von Fahrzeugen verboten. Das **Wenden, Zurücksetzen** und **Spurwechseln** auf den Autobahnen im Mautstellenbereich, auf den Autobahnauf- und -abfahrten und auf den Autobahntankstellen wird mit satten Geldstrafen (mehrere hundert Euro) und zusätzlich mit Fahrverboten geahndet.

Motorradfahrer müssen einen Helm mit „ECE R 22"-Kennzeichnung tragen, ansonsten kann das Motorrad für einen Monat sichergestellt werden (!).

Generell werden Verstöße gegen das Halteverbot und auch Übertretungen der vorgeschriebenen Geschwindigkeit sehr streng, sprich teuer, geahndet und die **Bußgelder** werden auch im EU-Ausland eingetrieben.

Parken

Parkverbotszonen werden teilweise nicht nur durch Schilder symbolisiert, sondern auch durch Kennzeichnung der Bordsteine in Gelb oder Schwarz/

Gelb und durch gelbe Kennzeichnung von Flächen. Blau angemalte Randsteine bedeuten, dass eine Parkgebühr fällig ist. Dazu kauft man in Tabacchi-Läden eine Karte, auf der man Stunde, Tag, Monat und Jahr ankreuzt/freirubbelt. Vereinzelt sind auch Automaten aufgestellt, an denen man ein Ticket löst. Die Halteverbotsschilder können einen Hinweis tragen, dass zu bestimmten Zeiten die Straße gereinigt wird. Wer zu dieser Zeit dort seinen Wagen stehen hatte, kann ihn bei der Polizei abholen.

Für die Einfahrt von Motorfahrzeugen, die nicht Anwohnern gehören, in die **Zona a Traffico Limitato** (ZTL/Sperrzone) gelten strenge Restriktionen und bei Zuwiderhandlung sind saftige Bußgelder fällig. Das mit Kameras automatisiert überwachte Einfahrtsverbot gilt Mo bis Fr von 8 bis 20 Uhr (nicht Sa/So und an Feiertagen). Will man werktags tagsüber sein Gepäck zum Hotel fahren oder eine Parkgarage nutzen, muss man spätestens bis 24 Uhr desselben Tages ein Tagesticket kaufen (in Tabacchi-Läden und auch in den Hotels erhältlich) und dessen Zahlenkombination und das Nummernschild **in eine App eingeben** („ZTL Palermo", kostenlos für Android und iPhone). Der **SMS-Versand** funktioniert **nicht** mit ausländischen Mobiltelefonen. **Dieselfahrzeuge** mit Euro 3 oder niedriger und Benzinfahrzeuge mit Euro 2 oder niedriger dürfen nicht in das Zentrum einfahren.

Ein Kilometer westlich der Porta Nuova ist auch ein für **Camper** geeigneter (privater) **Parkplatz** (Green Car) mit Sanitäreinrichtungen und Entsorgungsstation. Hauptparkplatz mit kostenlosem Shuttle zur Piazza Indipendenza (Strecke: 2 km) ist der kostenlose Freiflächenparkplatz Parcheggio Basile.

› ZTL, Tagesticket: 5 €, Monatsticket: 20 €

P177 [bk] **Parcheggio Basile,** Via Ernesto Basile

P178 [aj] **Parcheggio Green Car,** Via Quarto dei Mille 11B, Tel. 091 6515010, www.greencarpalermo.it, Camper: 20 € (24 Stunden), Auto 15 €/Tag, 1 €/Stunde

Man sollte die Halteverbote besser beachten, sonst wird es teuer

Barrierefreies Reisen

Auch wenn bei Neugestaltung von Museen und Renovierungen von Kirchen inzwischen auf barrierefreie Zugänge geachtet wird, in weiten Teilen sind die Vorschriften zur Inklusion noch nicht erfüllt. Auf der offiziellen Tourismusseite der Kommune kommt man über den Hauptpunkt „Turismo Accessibile" zu ausgearbeiteten Listen mit barrierefreien Sehenswürdigkeiten und Unterkünften unter anderem für Bewegungseingeschränkte, Blinde und Allergiegeplagte.

› https://turismo.comune.palermo.it

Diplomatische Vertretungen

› **Deutsche Botschaft,** Via San Martino della Battaglia 4, Rom, Tel. 06 492131, www.italien.diplo.de

› **Österreichische Botschaft,** Via Giovanni Battista Pergolesi 3, Rom, Tel. 06 8440141, www.bmeia.gv.at/oeb-rom

› **Schweizer Botschaft,** Via Barnabà Oriani 61, Rom, Tel. 06 809571, www.eda.admin.ch/roma

Elektrizität

Das Stromnetz ist auf **230 V** ausgelegt, die flachen Eurostecker passen überall.

Wer Geräte mit Erdung benutzt, benötigt einen Adapterstecker, der in Kaufhäusern und Ausrüstungsläden erhältlich ist.

Geldfragen

Ausgesprochen wird der Euro in Palermo „E-u-r-o". **Kredit- und Debitkarten** (Girocard) sind ein übliches Zahlungsmittel (das Zeichen „CARTA SI" weist auf die Akzeptanz der Karten hin). Das Netz an Geldautomaten ist ausreichend dicht.

Das **Preisniveau** auf Sizilien für Hotels und Restaurants liegt leicht unterhalb des mitteleuropäischen. Wer auf Märkten Obst oder Gemüse einkauft, zahlt wesentlich weniger als in Mitteleuropa. Mode kauft man in Palermo allerdings nicht günstiger als im Heimatland

Palermo preiswert

Um von einem Ende der Altstadt zu ihrem anderen Ende zu kommen hilft die kostenlose **Navetta Centro Storico** (s. S. 129), ein Kleinbus, der in einem Rundkurs um das Zentrum kurvt. **Nationale und regionale Museen** kosten an jedem ersten Sonntag des Monats keinen Eintritt.

Der Espresso oder das Gläschen Wein sind **am Tresen genossen** günstiger. Wer sich setzt, zahlt das Doppelte.

Das **Streetfood** Palermos ist perfekt für den großen Hunger und den kleinen Geldbeutel: Es macht satt, es schmeckt und es kostet nicht viel. Wer Musik hören (und kein Konzert besuchen) will, macht sich abends auf den Weg in die Kalsa (s. S. 39). Mit Sicherheit wird er auf das eine oder andere Straßenevent stoßen.

Informationsquellen

Infostellen zu Hause

Das staatliche italienische Fremdenverkehrsamt **ENIT** bietet unter www.enit-italia.de allgemeine Informationen und die Möglichkeit, Prospekte zu bestellen (auch Downloads möglich). Wer persönlichen Kontakt sucht, kann sich an die folgenden Stellen wenden:

- Barckhausstr. 10, 60325 Frankfurt/Main, Tel. 069 237434, frankfurt@enit.it
- Mariahilfer Straße 1b/XVI, 1060 Wien, Tel. 015 051639, vienna@enit.it
- Tödistraße 65, 8002 Zürich, Tel. 044 5440797, zurigo@enit.it

Infostellen in der Stadt

ℹ179 [E6] **Centro di Informazione Turistica (1),** Piazza Bellini (Via Maqueda 189), Tel. 091 7408021, Mo–Do 8–20, Fr 8.30–18.30, Sa 9.30–17.30, So 9–19 Uhr

- **Centro di Informazione Turistica (2),** im Teatro Massimo 38, Piazza Giuseppe Verdi 13, Mo–Fr 9.30–13.30 Uhr

ℹ180 [E2] **Centro di Informazione Turistica (3),** Hafen (Banchina Crispi), Mo–Fr 8.30–13.30 Uhr

Die Stadt im Internet

- **www.enit.de:** offizielle Website des italienischen Fremdenverkehrsamts mit allgemeinen Angaben zum Land (deutsch)

- **www.regione.sicilia.it/turismo:** Tourismusinformationen zur Region Sizilien mit Wissenswertem auch zur Gastronomie, Veranstaltungen und Broschüren-Download (englisch)
- **https://turismo.comune.palermo.it:** offizielle Tourismus-Website der Stadt Palermo mit Sehenswürdigkeiten, Unterkünften und Gastronomieadressen (englisch)
- **www.bbitalia.it:** Bed-and-Breakfast-Adressen nicht nur in Palermo (deutsch)
- **www.terradamare.org:** Website einer Tourismus-Kooperative, die (fast) alle Sehenswürdigkeiten listet (englisch)
- **www.leviedeitesori.com:** Website der sizilienweiten Onlinezeitung, die das kulturelle Erbe wahrt und auch immer wieder Führungen zu unbekannteren Orten organisiert (italienisch)
- **www.balarm.it:** Website mit allen Veranstaltungen in Palermo aus Kultur und Szene (italienisch)
- **www.palermotoday.it:** Onlinezeitung mit Infos zu Politik, Sport und Kultur (italienisch)

Unsere Literaturtipps

- Olaf B. Rader, **Der Sizilianer auf dem Kaiserthron,** C. H. Beck Verlag, 2010. Die Biographie des Staufers Friedrich II., dem „Kaiser des hl. römischen Reiches Deutscher Nation“ und „Staunen der Welt“.
- Leoluca Orlando, **Ich sollte der Nächste sein,** Herder Verlag, 2010. Der Bürgermeister Palermos plaudert aus dem Nähkästchen seines Kampfes gegen die Mafia.
- Leoluca Orlando (Hrsg.), **Sizilien fürs Handgepäck,** Unionsverlag, 2012. Der Bürgermeister Palermos hat Anekdoten zusammengesucht, die in die Kultur der Insel (und ihrer Besucher) einführen.
- Giuseppe Tomasi di Lampedusa, **Der Leopard,** Piper Verlag, 2019. Der Klassiker über die Götterdämmerung des sizilianischen Adels.

Publikationen und Medien

In den Touristeninformationen (s. S. 118) erhält man eine **Innenstadtkarte,** die alle Sehenswürdigkeiten listet. Deutsch- oder englischsprachige Publikationen werden in Sizilien nicht verlegt. Am Bahnhof (s. S. 115) sind deutsche Zeitungen und Zeitschriften erhältlich.

Smartphone-Apps

- **ZTL Palermo:** App der städtischen Parküberwachung, mit der die Einfahrt in die Sperrzone genehmigt wird (kostenlos für Android/iPhone)
- **Meteo:** Wetter-App mit recht genauen Vorhersagen und Warnungen (kostenlos für Android/iPhone)
- **PalermoToday:** App mit Nachrichten aus Kultur, Sport und Politik (kostenlos für Android/iPhone)
- **Moovit: Diese** sehr gute App hilft bei der Planung von Fahrten mit öffentlichen Verkehrsmitteln (kostenlos für Android/iPhone).

Internet

Fast alle **Unterkünfte** (vom Bed and Breakfast über das Hostel bis zum Privatzimmer) und **Restaurants** oder **Cafés** bieten **WLAN** in stabiler und schneller Qualität an.

Auch die Abdeckung des **mobilen Datennetzes** ist im Stadtgebiet Palermos sehr gut und meist in LTE-Qualität verfügbar.

LGBT+

Sizilien ist generell weltoffen und wenn die heimliche Hauptstadt der LGBT-Szene Siziliens auch Catania ist, Palermo holt auf. Schwul-lesbisches Leben ist überall akzeptiert und man wird immer eine Bar, eine Lounge oder einen Klub mit Gleichgesinnten finden – und auch eine „gay friendly" Unterkunft.

Zwei **Festivals** organisiert die LGBT-Szene: Palermo Pride (www.palermopride.it) mit Parade an einem Tag Ende Juni und das Filmfest Sicilia Queer (www.siciliaqueerfilmfest.it) Anfang Juni für eine Woche.

Das „Vereinslokal" der Szene ist das Exit Drinks.

181 [B4] **Exit Drinks,** Piazza San Francesco di Paola 40, Tel. 091 274916, www.facebook.com („exit drinks"), Mi–So 22.30–2.30 Uhr

074pa-fk

Medizinische Versorgung

Die medizinische Versorgung in Italien gilt als gut. Mit der europäischen Versicherungskarte, die von den deutschen Versicherungen ausgestellt wird, hat man als EU-Bürger eigentlich Anspruch auf Kassenbehandlung. Dies ist in der Realität aber nicht immer durchsetzbar, sodass man gegebenenfalls in Vorleistung gehen muss.

182 **Pronto Soccorso Ospedale Cervello,** Via Trabucco 180, Tel. 091 6802111, www.ospedaliriunitipalermo.it

183 [cj] **Pronto Soccorso Ospedale Civico,** Piazza Nicola Leotta 4, Tel. 091 6661111, www.arnascivico.it

184 [af] **Pronto Soccorso Ospedali Riuniti Villa Sofia,** Piazzetta Salerno 1, Tel. 091 7801111, www.ospedaliriunitipalermo.it

185 [cj] **Pronto Soccorso Policlinico,** Via del Vespro 129, Tel. 091 6551111, www.policlinico.pa.it

Apotheken mit 24 Stunden-Dienst an sieben Tage der Woche sind:

186 [D4] **Farmacia Antica Cavour,** Via Camillo Benso Conte Di Cavour 96, Tel. 091 6119419

187 [ah] **Farmacia Bonsignore,** Viale Della Regione Siciliana Nord Ovest 2322, Tel. 091 402353

› **Liste der offenen Apotheken:** www.farmaciediturno.org

◁ *„Liebe kennt kein Geschlecht"*

075pa-fk

Der **Zahnarzt** Dr. Di Bartolo spricht Englisch, ein zahnärztlicher Notdienst ist rund um die Uhr im Pronto Soccorso Ospedali Riuniti Villa Sofia verfügbar:

- 188 [aj] **Dr. Achille Di Bartolo,** Via Generale Domenico Chinnici 34, Tel. 0916681946
- › **Servizio di Pronto Soccorso Odontoiatrico,** Pronto Soccorso Ospedali Riuniti Villa Sofia, Tel. 091 7804403, www.ospedaliriunitipalermo.it

Mit Kindern unterwegs

In Palermo darf man kein kindgerechtes Freizeitprogramm erwarten, dafür aber viele kleine und große familienfreundliche Erlebnisse und in den **Restaurants** greift beim Personal und allen anderen sofort die typische **süditalienische Toleranz** gegenüber allem, was Kindern so in den Kopf kommt.

Unterhaltsame Kämpfe zwischen Gut und Böse, meist orchestriert von einer schönen Prinzessin und einem gefährlichen Drachen, sind das Hauptthema der Opera dei Pupi, des traditionellen sizilianischen **Puppentheaters** (s. S. 99). Auch wenn weder Sie noch die Kinder ein Wort verstehen – die Handlung spricht für sich und macht Spaß.

Auch der **Botanische Garten** 25, in dem die Sprösslinge frei rumlaufen können, ist gut für einen entspannten Vor- oder Nachmittag. Für die frühabendliche Unterhaltung böte sich dann ein Ausflug zu den **Fahrgeschäften** im Giardino Inglese 40 an. Last, but not least gibt es den Strand: Palermo selbst besitzt zwar keinen Stadtstrand, der **Sandstrand** des nahen Mondello 48 ist aber feinsandig, goldfarben und der Weg ins Meer flach.

Puppenspieler nehmen nach der Vorstellung den Applaus des Publikums entgegen

Notfälle

Die Rufnummern von **Polizei** (Tel. 113) und **Notarzt** (Tel. 118) ergänzt eine allgemeine **Notrufzentrale** (Tel. 112).

Verlust von Geldkarten

Bei **Verlust der Debit-/Giro-, Kredit- oder SIM-Karte** gibt es für Kartensperrungen eine **deutsche Zentralnummer** (unbedingt vor der Reise klären, ob die eigene Bank bzw. der jeweilige Mobilfunkanbieter diesem Notrufsystem angeschlossen ist). **Aber Achtung:** Mit der telefonischen Sperrung sind die Bezahlkarten zwar für die Bezahlung/Geldabhebung mit der PIN gesperrt, nicht jedoch für das **Lastschriftverfahren mit Unterschrift.** Man sollte daher auf jeden Fall den Verlust zusätzlich **bei der Polizei zur Anzeige bringen**, um gegebenenfalls auftretende Ansprüche zurückweisen zu können.

In **Österreich** und der **Schweiz** gibt es keine zentrale Sperrnummer, daher sollten sich Besitzer von in diesen Ländern ausgestellten Debit- oder Kreditkarten vor der Abreise bei ihrem Kreditinstitut über den zuständigen Sperrnotruf informieren.

Generell sollte man sich immer die **wichtigsten Daten** wie Kartennummer und Ausstellungsdatum **separat notieren,** da diese unter Umständen abgefragt werden.

› **Deutscher Sperrnotruf:** Tel. +49116116 oder Tel. +493040504050

› **Weitere Infos:** www.kartensicherheit.de, www.sperr-notruf.de

073pa-fk

⊡ *Durchgehende Öffnungszeiten ohne Mittagspause sind selten*

Öffnungszeiten

Die **Siesta** ist heilig und von 13 bis 17 Uhr. **Lebensmittelgeschäfte** und **Supermärkte** haben von 7/9 bis 13 und von 17 bis 19.30 Uhr auf. Bis auf Modegeschäfte, Souvenirshops und Supermärkte haben **Läden** sonntags geschlossen.

Postämter öffnen Mo bis Fr von 8.30 bis 13 und 15 bis 17 Uhr sowie Sa von 8.30 bis 12.30 Uhr. **Banken** haben Mo bis Fr von 8.30 bis 13.30 und von 15 bis 16 Uhr auf. **Behörden** öffnen sich in der Woche von 8.30 bis 13 Uhr dem Publikum.

Restaurants machen mittags nicht vor 12.30 Uhr auf und schließen etwa um 15/16 Uhr, abends geht es zwischen 19 und 20 Uhr los (Ausnahme: Pizzerien und Rosticcerie teils um 18 Uhr). **Bars** öffnen zu gänzlich unterschiedlichen Zeiten, je nach Lage und Klientel.

Post

Briefe und **Postkarten** von Italien ins Ausland werden als Postamail Internazionale für 1,15 € losgeschickt. **Briefmarken** erhält man im Postamt und in den Tabacchi bzw. Andenkenläden. Wer Dokumente wirklich schnell und zuverlässig versenden muss, kann die Kurierdienste in Anspruch nehmen (z. B. DHL).

Radfahren

Räder verleiht die zentral gelegene Firma Social Bike und bietet auch geführte Radrundfahrten durch die Stadt zu unterschiedlichen Themen an. Das städtische Bike-Sharing-System BICI PA funktioniert nur mit einer italienischen Steuernummer.

189 [E6] **Social Bike**, Discesa dei Giudici, Tel. 3282843734, www.socialbikepalermo.com, Radverleih: Stadtrad 3 €/Stunde und 15 €/Tag, geführte Stadtfahrt 35 €/3 Stunden

Sicherheit

In den letzten 15 Jahren hat sich die Sicherheitssituation in Palermo dramatisch gebessert, nichtsdestotrotz sollte man wie in jeder anderen Großstadt die **üblichen Vorsichtsmaßnahmen** treffen. Geld ist immer sicher am Körper verstaut. Gesäßtaschen sind ungeeignete Orte für den Geldbeutel. Die **Urlaubskasse** verteilt man auf mehrere Personen oder an mehrere Orte und hält den Bargeldbestand gering. **Kopien der wichtigsten Dokumente** gehören prinzipiell ins Reisegepäck. Die Ausstellung von Ersatzpapieren wird damit wesentlich beschleunigt. Vollgepackte Autos unbeaufsichtigt auf Parkplätzen an den Stränden oder in der Stadt abzustellen, ist fahrlässig.

Sprache

Im Umgang mit offiziellen Stellen muss der Besucher Palermos **Italienisch** sprechen. In den Tourismusbüros wird meist **Englisch** gesprochen, teilweise auch **Deutsch** verstanden. Wer mehr Italienisch lernen möchte, ist mit den Sprachführern „Italienisch – Wort für Wort" und „Sizilianisch – Wort für Wort" aus der Kauderwelsch-Reihe des Reise Know-How Verlags bestens bedient. Und wer noch tiefer einsteigen möchte, kann nach dem Studium von „Italienisch Slang – das andere Italienisch" (dieselbe Reihe beim selben Verlag) bald Lorbeeren auf der Straße ernten. Im Anhang dieses Buches findet sich eine Kleine Sprachhilfe Italienisch mit einigen Schlüsselwörtern und grundlegenden Redewendungen (s. S. 132).

077pa-fk

Das Leihradsystem funktioniert leider nur mit italienischer Steuernummer

Stadttouren

Stadtspaziergänge

Terra da Mare unternimmt Führungen auch abseits der Trampelpfade, zum Beispiel auf den Spuren bestimmter Künstler oder unter einem bestimmten Motto wie „Triumph des Todes", „Jüdisches Palermo" und „Palermo von oben". **Wonderful Italy** organisiert Besuche und Aktivitäten, die die Atmosphäre der Stadt einfangen helfen: Streetfood-Tour, Weinverkostung, Kochkurse, Craft-Beer-Tour oder Ausflüge mit dem Segelboot.

› **Terra da Mare,** Tel. 3207672134, www.terradamare.org

•**190** [G6] **Wonderful Italy,** Via Torremuzza 15–17, Tel. 091 7838185, www.wonderfulitaly.eu

Stadtrundfahrten

An der Porta Nuova 13 beim Palazzo Reale 12 startet der **Treno Turistico** zu einer einstündigen Stadtrundfahrt. **Hop-On Hop-Off Tours** fahren an der Piazza Ruggero Settimo beim Teatro Politeama Garibaldi (s. S. 99) los.

› **Treno Turistico,** Tel. 3391687697, 10–15 Uhr stündlicher Start, Fahrt: 10 €

› **Hop On Hop Off Bus Tours,** Via Ruggero Settimo 55, Tel. 3460046435, www.hop-on-hop-off-bus.com, halbstündliche Abfahrten 9.30–17, Winter 10–13 Uhr, Tageskarte: ab 20 €

Individuelle Stadtrundfahrten

Mit dem dreirädrigen **Ape Taxi** geht es in 90 Minuten durch die Gassen der Innenstadt. Die wendigen Geräte kommen (fast) überall hin. Weniger agil sind die **Kutschen,** dafür kann man sich wie Conte und Contessa aus dem 19. Jh. fühlen, wenn die Hufe der Pferde durch die Altstadt klappern.

› **Ape Taxi und Kutschen,** rund um die Quattro Canti und am Palazzo Reale, Ape 80 €/90 Min., Kutsche 80 €/60 Min.

Mit dem Sightseeingbus wird einem die Stadterkundung in der Sommerhitze etwas erleichtert

078pa-fk

Telefonieren

Die **Vorwahl** von Italien ist 0039. Danach folgt die vollständige Teilnehmernummer inklusive der „0". In Italien sind die ehemaligen Ortsvorwahlen fester Bestandteil der Rufnummer, man muss sie also auch bei Orts- und Ferngesprächen mitwählen. Handynummern beginnen nicht mit einer „0".

Von Italien nach **Deutschland** muss die 0049, nach **Österreich** die 0043 und in die **Schweiz** die 0041 vorgewählt werden, danach entfällt jeweils die Null der Ortsvorwahl.

In der EU gibt es keine Roaminggebühren mehr. Damit ist das Telefonieren und Surfen mit dem Handy im EU-Ausland so günstig wie zu Hause – es sei denn, man nutzt das Handy im Ausland über einen längeren Zeitraum hinweg, dann können je nach Anbieter Nutzungsobergrenzen gelten.

Uhrzeit

Die italienische Uhrzeit entspricht der mitteleuropäischen Zeit (MEZ) bzw. der mitteleuropäischen Sommerzeit (MESZ).

Unterkunft

Palermo bietet die ganze Bandbreite an Unterkunftsmöglichkeiten, vom hochluxuriösen Fünfsternehotel bis zum einfachen Privatzimmer, vom feinsten B&B in einem herrschaftlichen Palast bis zum Hostel. **Alle sind klassifiziert** in den offiziellen Listen zu finden. Die **Unterkunftspreise** werden für jedes Jahr durch die Behörden festgelegt. Sie müssen in den Zimmern und an der Rezeption gut sichtbar aushängen und sind nach Vor-, Neben- und Hauptsaison gestaffelt. Außerhalb der Hauptsaison kann man meist einen günstigeren Preis aushandeln.

Buchungsportale

Neben Buchungsportalen für **Hotels** (z. B. www.booking.com, www.hrs.de oder www.trivago.de) bzw. für **Hostels** (z. B. www.hostelworld.de oder www.hostelbookers.de) gibt es auch Anbieter, bei denen man **Privatunterkünfte** buchen kann. Portale wie www.airbnb.de, www.wimdu.de oder www.9flats.com vermitteln Wohnungen, Zimmer oder auch nur einen Schlafplatz auf einer Couch. Diese oft recht günstigen Übernachtungsmöglichkeiten sind **nicht unumstritten,** weil manchmal normale Wohnungen gewerblich missbraucht werden. Einige Städte greifen deshalb regulierend ein.

Hostels

191 [A3] **A Casa di Amici** €, Via Dante 57, Tel. 091 7654650, www.acasadiamici.com. **Familiäres Hostel:** großzügige Aufenthaltsräume im Ethno-Stil und mit Kunstanspruch. 49 Betten in Gemeinschafts-, Familien- und Doppelzimmern (einige mit eigenem Bad). Viele Gleichgesinnte und viele Infos – gemütlich und sauber.

192 [E7] **Sunrise Hostel** €, Via Roma 118, Tel. 3505380103, www.sunrisehostel.it. **Hostel mit Komfort:** Einzel-, Doppel- und Familienzimmer einen Katzensprung vom Nachtleben der Kalsa. Zimmer mit Klimaanlage und Balkon. Die Putzkolonne könnte allerdings öfter vorbeischauen.

193 [G7] **Sunshine Hostel** €, Via Lincoln 97, Tel. 3283279897, www.sunshinehostel.it. **Unter Freunden:** Die tolle Lage

Preiskategorien

Preiskategorie für ein Doppelzimmer ohne Frühstück:

€	bis 60 €
€€	60–120 €
€€€	ab 120 €

am Rand der Kalsa beim Botanischen Garten macht das Hostel sehr beliebt. Gute Ausstattung mit Küche, sehr sauber, hell möblierte Mehrbettzimmer und Terrasse zur gemeinsamen Nutzung.

Gut und günstig

194 [F7] **Albergo Cavour** €, Via Manzoni 11, Tel. 091 6162759, www.albergo-cavour.com. **Etagenpension mit Pfiff:** direkt am Bahnhof in einer Seitenstraße gelegen, einfach, sauber und nicht zu kleine, aber etwas spartanisch eingerichtete Zimmer. Sehr freundliche, hilfsbereite Besitzer.

195 [E5] **Hotel 38 AIRA** €, Via Roma 276, Tel. 091 588683, www.hotelmodernopa.com. **An der Hauptstraße:** einfach eingerichtete, aber relativ saubere und nicht uncharmante Zimmer mit Bad. Wie immer in Palermo lieber die Räume nach hinten nehmen.

196 [D6] **Hotel Columbia** €€, Via del Celso 31, Tel. 091 6113777, www.hotelcolumbiapalermo.com. **Bei den Quattro Canti:** modernes Hotel in einer Seitenstraße, 24 unauffällige, praktisch eingerichtete Zimmer, gegen Gebühr Parkmöglichkeit in der Nähe, gutes Frühstück und angenehmes, hilfsbereites Personal.

197 [D7] **Hotel Cortese** €-€€, Via Scarparelli 16, Tel. 091 331722, www.hotelcortese.info. **Für Feierlaunige:** zuvorkommendes Personal, zentrale Lage in der Partyzone (Ohrstöpsel angeraten). 20 Zimmer mit Telefon, TV und Bad, sechs Zimmer ohne Bad.

Komforthäuser

198 [D3] **A Bio Hotel** €€-€€€, Corso Mariano Stabile 136, Tel. 091 325513, www.biohotelpalermo.com. **Alles Bio im Etagenhotel:** Biobettwäsche, Biomöbel, Biofrühstück – und das Ganze nicht außerhalb und nicht verstaubt, sondern zentrumsnah und topmodern.

199 [B2] **Hotel Europa** €€-€€€, Via Agrigento 3, Tel. 091 6256323, www.europahotelpalermo.com. **Für Shoppingfreunde:** sehr zentrales, modernes Hotel in einer Seitenstraße der Via della Libertà, der Edeleinkaufsstraße der Stadt, 73 Zimmer.

200 [D6] **Hotel Quintocanto & Spa** €€-€€€, Corso Vittorio Emanuele 310, Tel. 091 584931, www.quintocantohotel.com. **Wohnen mit Stil:** in einem historischen Haus direkt im Herzen der Stadt an den Quattro Canti. 21 architektonisch gekonnt eingerichtete Zimmer, ein angesagtes Restaurant und ein Wellnessbereich mit Sauna, Türkischem Bad und diversen Anwendungen.

201 [D3] **Hotel Tonic** €€-€€€, Via Mariano Stabile 126, Tel. 091 581754, www.hoteltonic.it. **Zentral und elegant:** gediegene Mittelklasse nahe der Oper und mit angenehmer Atmosphäre, 36 Zimmer mit TV, Klimaanlage und Minibar.

Edelherbergen

202 [D3] **Grand Hotel et Des Palmes** €€€, Via Roma 398, Tel. 091 6028111, www.grandhotel-et-des-palmes.com. **Wo Wagner wohnte:** Mitten im Zentrum befindet sich eines der traditionsreichsten Häuser Palermos, das 2019 rundherum renoviert wurde (so aber auch

So edel wie der Name verspricht: das Grand Hotel et des Palmes

seinen etwas morbiden Charme verlor). Hier schrieb Richard Wagner an seinem „Parzival“ und auch die Mafia quartierte sich gern ein.

203 [cf] **Hotel Villa Igiea** €€€, Salita Belmonte 43, Tel. 091 6312111, www.roccofortehotels.com. **Hotel vom Baumeister:** die vielleicht beste Hoteladresse Palermos, erbaut von Ernesto Basile und 2019 runderneuert. Das Gästebuch aus vergangener Zeit ist beeindruckend: von der Königin von England bis zu Grace Kelly, von Alain Delon bis zu Burt Lancaster.

204 [D7] **Palazzo Brunaccini Boutique Hotel** €€€, Piazzetta Lucrezia Brunaccini 9, Tel. 091 586904, www.palazzobrunaccini.it. **Design hinter alten Mauern:** Der Palast aus dem 18. Jh. liegt nur wenige Schritte vom Ballarò-Markt, aber dennoch abgeschieden und ruhig. Wer Luxus möchte und dennoch keinen Wert auf Isolation legt, ist genau richtig

205 [E6] **Principe di Lampedusa** €€€, Piazza Cassa di Risparmio 17, Tel. 091 8601322, www.principedilampedusa.it. **Elegant und modern:** Dreisternehaus zu noch erträglichen Preisen mitten im Geschehen. Am schönsten sind die Zimmer zur Piazza (am Wochenende kann es aber laut werden).

In Palästen

206 [G5] **Apartamenti Butera 28** €€-€€€, Via Butera 28, Tel. 3333165432, www.butera28.it. **Unter Schriftstellern:** Nächtigen in einem der Apartments im Palazzo Lanza Tomasi, der einst Giuseppe Tomasi di Lampedusa gehörte.

207 [D7] **Apartamenti Palazzo Conte Federico** €€-€€€, Piazza Conte Federico 2, Tel. 091 6511881, www.contefederico.com. **Bei den Staufern:** sieben B&B-Apartments im Palast der Grafenfamilie im Herzen der Altstadt – stilvoller lässt

sich in Palermo nicht nächtigen (und der Mercato di Ballarò ist auch um die Ecke).

› **Apartamenti Palazzo Drago** €€-€€€, Palazzo Drago Airoldi di Santa Colomba 9, Tel. 3337986324, www.palazzodragoajroldi.com. **Zentraler geht nicht:** 2020 eröffnetes B&B mit 23 Apartments unterschiedlicher Größe, die sich in der 2. und 3. Etage eines Adelspalasts direkt am Corso und einen Katzensprung von der Kathedrale befinden – äußerst herzliche Gastgeber.

Bed and Breakfast

208 [F6] **Al Giardino dell'Alloro** €€-€€€, Vicolo San Carlo 8, Tel. 091 6176904, www.giardinodellalloro.it. **Wohnen zwischen Kunst:** Das B&B in der Kalsa im Herzen der Stadt ist mit künstlerischem Anspruch eingerichtet. Alle fünf Zimmer mit Bad, Klimaanlage, TV.

209 [E5] **BB22** €€-€€€, Largo Cavalieri di Malta 22, Tel. 091 6111610, www.bb22.it. **Boutique-B&B:** Dort, wo Palermo schon hübsch gemacht ist, befindet sich dieses B&B mit stylishen Zimmern und Apartments und ein Gastgeber, der viele Tipps hat. Sehr gutes Frühstück.

210 [C7] **Il Giardino di Ballarò** €€, Via Porta di Castro, 75/77, Tel. 091 212215, www.ilgiardinodiballaro.it. **Ein Katzensprung vom Markt:** sehr sympathisches Bed & Breakfast mit liebevoll eingerichteten Komfortzimmern und vielen Tipps für Unternehmungen.

Camping, Wohnmobil

211 Degli Ulivi, Via Pegaso 25 (in Sferracavallo, 15 km nördlich von Palermo, Anfahrt mit Bus Nr. 628/616, 400 m von der Haltestelle), Tel. 091 533021, www.campingdegliulivi.com, ganzjährig offen. Platz 500 m vom Strand unter Olivenbäumen. Waschgelegenheit, Behinderten-WC, sehr sauber und angenehm, auch Bungalows.

212 La Playa, Viale Marino 55 (in Isola delle Femmine etwa 20 km nordwestlich von Palermo, 300 m vom Bahnhof Isola delle Femmine), Tel. 091 8677001, www.laplayacamping.it, geöffnet: 21. März–15. Okt. Ein angenehmer Platz unter Olivenbäumen am Meer (Sandstrand 500 m) mit Spielplatz, Schwimmbad, Waschmöglichkeit, einem Gefrierschrank, Internetpoint und Wohnmobilservice.

Verhaltenstipps

Offenherzige Freizeitkleidung muss nicht sein. Sizilianer(innen) kleiden sich zwar hochmodisch, aber auch meist gedeckt. Der **Glaube ist zu respektieren.** Sizilianer sind tiefgläubige Katholiken und sähen es nicht gern, machte man sich über ihre Religion lustig. Insbesondere bei Besuchen in Gotteshäusern ist auch auf bedeckte Oberarme und Oberschenkel zu achten (teilweise muss nackte Haut mit einem Tuch abgedeckt werden).

Vor allem im Hochsommer sollte man **Wasser sparen,** denn dann kann es zu Engpässen kommen). Das Rauchen ist verboten (s. S. 96).

Die Buslinie Navetta Centro Storico unrundet die Altstadt und ist kostenfrei

Verkehrsmittel

Öffentlicher Nahverkehr

Die Verkehrsbetriebe unterhalten ein Streckennetz, das bis in die Vororte reicht. An den Kiosken der Verkehrsbetriebe **AMAT** (www.amat.pa.it) ist ein Streckenplan erhältlich (im Zentrum an der Piazza Ruggero Settimo [C3], beim Teatro Politeama Garibaldi (s. S. 99) an der Einmündung der Viale della Libertà, an der Piazza Sturzo [C2] und an der Stazione Centrale, s. S. 115). Mit der **App Moovit** (kostenlos für Android/iPhone) kann man Fahrten mit den öffentlichen Verkehrsmitteln planen.

Busse

Tickets für Einzelfahrten erhält man an den Kiosken der AMAT, an Zeitungsständen und in den Tabacchi-Läden (bis 90 Minuten nach Stempelung im Bus gültig). Alle Tickets müssen im Bus entwertet werden (man steigt vorne und hinten zu, die mittlere Tür ist für Aussteigende reserviert). Haltestellen werden nicht aufgerufen, allerdings steht an jeder Haltestelle ein **Streckenplan** der jeweiligen Linie (es ist also hilfreich, die Haltestellen abzuzählen, auch die, an denen der Bus mangels Bedarf nicht hält, um dann richtig auszusteigen). Wer aussteigen will, muss einen der **Klingelknöpfe** betätigen.

› Einzelfahrt 1,40 €, beim Fahrer 1,80 €, an den Kiosken gibt es Heftchen mit 20 Einzelfahrkarten für 23,50 € und Ganztageskarten für 3,50 € (drei Tage 8 €, eine Woche 16,50 €)

Navetta Centro Storico

Eine **kostenlose Busrundlinie**, die sogenannte Navetta Centro Storico, startet an der Porta Felice 32 und fährt die bedeutendsten Sehenswürdigkeiten an – offiziell alle 11 Minuten (tatsächlich kann es aber auch mal eine Stunde dauern). Da der Service kostenlos ist, ist der Bus häufig überfüllt.

› Navetta Centro Storico, 6.35–21 Uhr

Tram

Die Tramlinien sind für Touristen nicht relevant, denn sie binden hauptsächlich die Schlafstädte an Palermo an.

Taxi

Radio-Taxis der Kooperative Trinacria (www.6878.it) erreicht man unter der Telefonnummer 091 6878.

079pa-fk

Wetter und Reisezeit

Im **Hochsommer** kann Palermo kochen und auch abends kühlt es nur sehr begrenzt ab. Eine drückende **Schwüle** gesellt sich dann manchmal auch noch hinzu. Zu **Regen** kommt es im Sommer eher selten, in den übrigen Jahreszeiten ist aber durchaus mit Wolkenbrüchen zu rechnen. Die **Durchschnittstemperaturen** liegen im Sommer um 26 °C und fallen in den Wintermonaten auf 10 °C. Viele Einheimische verlassen im Juli und August Palermo, um ihre Sommerfrische an den Badeküsten Siziliens zu verbringen (weswegen die Stadt nicht überfüllt wirkt).

Im **Frühling** (März–Mai) blüht alles, tagsüber ist es warm bis heiß, nachts kühl bis kalt – eine schöne Zeit für Stadtbesichtigungen. Im **Herbst** (September bis November) ist es tagsüber warm bis heiß und nachts warm bis kühl – ebenfalls perfekt für einen Stadtaufenthalt, wenn der Himmel stahlblau ist und man in Mondello noch gut im Meer schwimmen kann. Im **Winter** (Dezember bis Februar) wird es tagsüber manchmal so warm, dass man den Cappuccino auf der Piazza serviert, nachts ist es aber kalt.

Durchschnitt	Wetter in Palermo											
Maximale Temperatur	15°	16°	18°	20°	24°	27°	30°	30°	28°	25°	21°	17°
Minimale Temperatur	8°	8°	9°	11°	14°	18°	20°	21°	19°	16°	12°	9°
Regentage	12	9	8	6	3	2	1	1	4	8	9	12
Wassertemperatur	14°	14°	14°	15°	17°	21°	24°	26°	24°	22°	19°	16°
	Jan	Febr	März	Apr	Mai	Juni	Juli	Aug	Sept	Okt	Nov	Dez

Stuckdetail in der Chiesa del Carmine Maggiore 19

080pa-fk

Kleine Sprachhilfe Italienisch

Die Sprachhilfe stammt aus den Kauderwelsch-Sprachführern „Italienisch – Wort für Wort" und „Italienisch kulinarisch" des Reise Know-How Verlags.

Ausspracheregeln

Hier die Buchstaben(kombinationen), deren Aussprache abweichend vom Deutschen ist bzw. sein kann:

ie, ai, eu	Doppellaute werden immer getrennt; ausgesprochen, also „i-e", „a-i", „e-u".
c	wie „k" vor den Selbstlauten a, o, u; wie „tsch" in „Matsch" vor den Selbstlauten e, i
ch	wie „k"
g	wie „g" vor den Selbstlauten a, o, u; wie „dsch" in „Dschungel" vor den Selbstlauten e, i
gh	wie „g"
gli	wie „lj"
gn	wie „nj" in „Tanja"
h	stumm, wird nicht gesprochen
r	gerolltes Zungenspitzen-r
s	am Wortanfang immer stimmloses „s" wie in „Bus"; in der Wortmitte zwischen Selbstlauten stimmhaftes „s" wie in „Rose"
st	spitzes „st" wie in „Hast"
v	wie „v" in „Vase"
z	stimmhaftes „ds" wie in „Rundsaal"

Richtungsangaben

(a) sinistra	(nach) links
(a) destra	(nach) rechts
davanti	vor, vorne
tornare	zurückgehen

Fragewörter

chi?	wer?
che (cosa)?	was?
come?	wie?
dove?	wo(hin)?
di/da dove?	woher?
quando?	wann?
perchè?	warum?
quanto?	wie viel?
quanti/-e?	wie viele?
quale?	welche(r)?

Zeitangaben

oggi	heute
domani	morgen
ieri	gestern
subito	sofort
fra poco	bald
sempre	immer
mai	nie
prima	vorher
dopo	nachher
di mattina	morgens
a mezzogiorno	mittags
di pomeriggio	nachmittags
di sera	abends
di notte	nachts
a mezzanotte	um Mitternacht
lunedì	Montag
martedì	Dienstag
mercoledì	Mittwoch
giovedì	Donnerstag
venerdì	Freitag
sabato	Samstag
domenica	Sonntag

Floskeln und Redewendungen

ja – nein	*sì – no*
bitte (um etw. bitten)	*per favore*
Bitteschön! (anbieten)	*Prego!*
(Vielen) Dank!	*Grazie (tanto)!*
Guten Morgen/Tag!	*Buongiorno!*
Guten Abend!	*Buona sera!*

+++ Die wichtigsten Wörter mit dem Bonus-Audiotrack des Kauderwelsch-

Herzlich willkommen!	*Benvenuto!/ Benvenuta!*
Wie geht es dir/ Ihnen?	*Come stai/ sta?*
(Sehr) gut. – Schlecht.	*(Molto) bene. – Male.*
Auf Wiedersehen! (du/Sie)	*Arrivederci!/ ArrivederLa!*
Bis später!/ Bis morgen!	*A più tardi!/ A domani!*
In Ordnung!	*Va bene!, D'accordo!*
Ich weiß (es) nicht.	*Non (lo) so.*
Guten Appetit!	*Buon appetito!*
Zum Wohl!, Prost!	*Salute!, Cin cin!*
Die Rechnung, bitte!	*Il conto, per favore!*
Entschuldige/n Sie!	*Scusa!/Scusi!*
Es tut mir leid!	*Mi dispiace.*
Helfen Sie mir bitte!	*Mi aiuti, per favore!*
Hilfe!	*Aiuto!*

Einkaufsfloskeln

Ich suche ...	*Cerco ...*
Haben Sie ...?	*Ha ...?*
Wo kann ich ... finden?	*Dove posso trovare ...?*
Wo ist der nächste Supermarkt?	*Dov'è il supermercato più vicino?*
Ich hätte gern ...	*Vorrei ...*
Wie viel kostet das?	*Quanto costa?*
Etwas weniger/ mehr, bitte.	*Un po' di meno/ più, per favore.*
Geben Sie mir ...	*Mi dà ...*
Danke, das genügt.	*Basta così, grazie.*
Danke, das ist alles.	*Grazie, è tutto.*

Begriffe im Restaurant

menù	Speisekarte
antipasto	Vorspeise
primo	erster Gang
secondo	zweiter Gang
dessert (m)	Nachspeise
porzione (w)	Portion
piatto del giorno	Tagesgericht
lista delle bevande	Getränkekarte
piatto	Teller
tazza	Tasse
vino	Wein
birra	Bier
acqua	Wasser
pane (m)	Brot
bottiglia	Flasche
bicchiere (m)	Glas
coperto	Gedeck
posate	Besteck
forchetta	Gabel
coltello	Messer
cucchiaio	Löffel
minestra	Suppe
carne (w)	Fleisch
pesce (m)	Fisch
frutta	Obst
verdura	Gemüse
contorno	Beilage
insalata	Salat

Im Restaurant bestellen

Können wir bitte die Speisekarte/ Getränkekarte haben?	*Possiamo avere il menù/la lista delle bevande, per favore?*
Wir möchten bitte bestellen.	*Vorremmo ordinare.*
Was können Sie uns empfehlen?	*Cosa ci consiglia?*
Was ist das Tagesgericht?	*Cos'è il piatto del giorno?*
Ich nehme als Vorspeise/ersten Gang/ zweiten Gang ...	*Prendo come antipasto/primo piatto/ secondo piatto ...*
Die Rechnung, bitte.	*Il conto, per favore.*
Stimmt so, danke.	*Va bene così, grazie.*

Das ist
noch nicht alles!
Mehr Reise Know-How gibt es hier:
www.reise-know-how.de
@ReiseKnowHow
@reiseknowhowverlag
@Reise_KnowHow
auf www.reise-know-how.de
für den Newsletter anmelden
Zugspitze, Foto: Aneta Niemitz
Reisen mit Know-How!

Register

Impressum

Daniela Schetar, Friedrich Köthe

CityTrip Palermo

1. Auflage 2022

ISBN 978-3-8317-3351-4

Printed in Germany

Druck und Bindung:
mediaprint solutions GmbH, Paderborn

Herausgeber: Klaus Werner
Layout: amundo media GmbH (Umschlag, Inhalt), Peter Rump (Umschlag)
Lektorat: amundo media GmbH
Karten: Ingenieurbüro B. Spachmüller, amundo media GmbH
Anzeigenvertrieb: KV Kommunalverlag GmbH & Co. KG, Alte Landstraße 23, 85521 Ottobrunn, Tel. 089 928096-0, info@kommunal-verlag.de
Kontakt: Osnabrücker Str. 79, 33649 Bielefeld, info@reise-know-how.de

Bildnachweis

Umschlagvorderseite: stock.adobe.com©andiz275 | Umschlagrückseite: stock.adobe.com©Boris Stroujko | Umschlagklappe rechts: Friedrich Köthe
Soweit ihre Namen nicht vollständig am Bild vermerkt sind, stehen die Kürzel an den Abbildungen für die folgenden Fotografen, Firmen und Einrichtungen. Friedrich Köthe: fk | stock.adobe.com: as

Liste der Karteneinträge

Hier nicht aufgeführte Nummern liegen außerhalb der abgebildeten Karten. Ihre Lage kann aber wie die von allen Ortsmarken im Buch mithilfe der Web-App angezeigt werden (s. S. 143).

Zeichenerklärung

	Hauptsehenswürdigkeit
[C7]	Verweis auf Planquadrat im Kartenmaterial
	Arzt, Apotheke, Krankenhaus
	Bahnhof
	Bar, Kneipe, Treffpunkt
	Bed and Breakfast
	Bibliothek
	Café, Eiscafé
	Denkmal
	Friedhof
	Geschäft, Kaufhaus, Markt
	Hostel, Jugendherberge
	Hotel, Unterkunft
	Imbiss, Pizzeria, Streetfood
	Informationsstelle
	Kirche, Klöster, Oratorien
	Moschee
	Museum
	Musikszene, Disco
P	Parken
	Polizei
	Restaurant
★	Sehenswürdigkeit
●	Sonstiges
	Theater, Zirkus
	Turm
	Vegetarisches/Veganes Restaurant
	Shoppingareal
	Gastro- und Nightlife-Areal
	Stadtspaziergang (s. S. 13)

Palermo mit PC, Smartphone & Co.

QR-Code auf dem Umschlag scannen oder **www.reise-know-how.de/citytrip/palermo22** eingeben und die **kostenlose Web-App** aufrufen (Internetverbindung zur Nutzung nötig)!

★**Anzeige der Lage und Satellitenansicht aller** beschriebenen Sehenswürdigkeiten und weiteren Orte
★**Routenführung** vom aktuellen Standort zum gewünschten Ziel
★**Exakter Verlauf** des empfohlenen Stadtspaziergangs
★**Audiotrainer** der wichtigsten Wörter und Redewendungen
★**Updates** nach Redaktionsschluss

GPS-Daten zum Download

Die GPS-Daten aller Ortsmarken und des Spaziergangs können hier geladen werden: www.reise-know-how.de, dann das Buch aufrufen und zur Rubrik „Datenservice" scrollen.

Stadtplan für mobile Geräte

Um den Stadtplan auf Smartphones und Tablets zu nutzen, empfehlen wir die App „Avenza Maps" der Firma Avenza™. Über die Funktion „Store" kann die „Citymap Palermo 2022" kostenlos geladen werden.

Palermo, Stadtgebiet

☐ Liste der Karteneinträge Seite 139

1 cm = 300 m

500 m